ESO 2

VALORES ÉTICOS

Fernando Martínez Llorca,
José Javier Fernández Pereira,
Sebastián Salgado González

Inclusión
Incluimos a todo el alumnado en nuestras aulas.

Rigor
Aprendemos y trabajamos con rigor y creatividad.

Interdisciplinariedad
Relacionamos y aplicamos lo que aprendemos.

Familia
La gran colaboradora en el aprendizaje.

Pensamiento crítico
Fomentamos la diversidad de pensamiento.

Aprendizaje cooperativo
Cooperamos para afrontar tareas.

Las TIC
Usamos las nuevas tecnologías para conectarnos con nuestro mundo.

Competencias
Afrontamos desafíos en los que ponemos en práctica nuestras competencias.

Emprendimiento
Emprendemos para cambiar nuestro entorno.

a,

ANAYA

CONTENIDOS DEL CURSO

Taller de valores	Emprender
Aplica tus competencias • La fábula de la rana y el alacrán **Los valores en la historia** • Alcanzar la mayoría de edad	**Me conozco a mí mismo** • La ventana de Johari
Aplica tus competencias • La historia de superación de Daniel Stix, el protagonista del anuncio de Cola-Cao **Los valores en la historia** • La nobleza de carácter y el valor	**Inventamos un código de conducta** • Código de conducta para jóvenes de Bill Gates
Aplica tus competencias • ¿Obedecerías una orden criminal? **Los valores en la historia** • Los pacificadores	**Grabamos un vídeo sobre buenos hábitos** • Elaboramos un documental
Aplica tus competencias • Salvar a Sufiya **Los valores en la historia** • Francisco de Goya, pintor de los derechos humanos	**Las Jornadas del Respeto** • Calendario de los derechos
Aplica tus competencias • La edad de voto **Los valores en la historia** • La sociedad abierta y sus enemigos	**Creamos un programa de televisión** • ¡En el aire!
Aplica tus competencias • El valor cívico de un ser humano **Los valores en la historia** • La justicia como imparcialidad según Rawls	**Realizamos una entrevista** • Conocemos a Atticus Finch

Bloques y unidades	Contenidos

Taller de valores	Emprender
Aplica tus competencias • Leni Riefenstahl. Frank Capra **Los valores en la historia** • Sudáfrica: la reconciliación a través del deporte	**Diseñamos un juego de mesa** • El Trivial autonómico
Aplica tus competencias • ¿Piratas? **Los valores en la historia** • Los valores éticos de la Unión Europea	***Coaching*** • *Coach* para el primer día de reunión parlamentaria
Aplica tus competencias • ¿Qué es el teléfono 016? **Los valores en la historia** • Teresa de Calcuta, el valor de una mujer	**Reivindicamos la igualdad** • La Semana de la Igualdad
Aplica tus competencias • Bajo el poder de un tirano. Naturaleza de la tiranía **Los valores en la historia** • Kampuchea, un país sin derechos	**Analizamos la situación de los derechos humanos en el mundo** • Distribución de la pobreza en el mundo • Conflictos actuales en el mundo
Aplica tus competencias • La responsabilidad científica **Los valores en la historia** • Físicos para la guerra y para la paz	**Realizamos una encuesta** • Ciencia social para detectar discriminaciones
Aplica tus competencias • ¿El móvil en clase? **Los valores en la historia** • La denuncia de la explotación laboral	**Organizamos un comité de ética** • La ética empresarial

ASÍ ES TU LIBRO

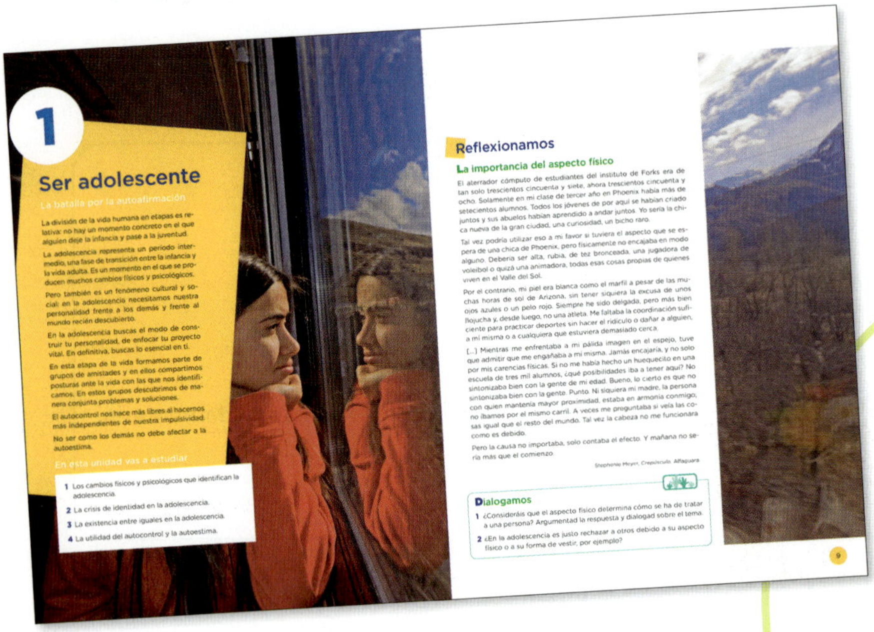

1 La apertura de la unidad

- Cada unidad comienza con una breve presentación, a modo de introducción, de los contenidos que los alumnos y las alumnas van a estudiar.
- La distribución de estos contenidos se detalla en el apartado En esta unidad vas a estudiar, que puede servir como índice.
- En el apartado Reflexionamos, se propone un texto, complementado con actividades, sobre algún asunto relevante relacionado con los contenidos que se desarrollarán en la unidad.
- Mediante el apartado Dialogamos se pretende detectar las ideas previas a través del planteamiento de una serie de preguntas sobre el texto que se abordan de forma cooperativa.

2 El desarrollo de los contenidos

Los contenidos se presentan organizados en apartados, cada uno de los cuales ocupa una doble página.

En cada apartado:

- Se estructuran los contenidos en subapartados para hacer más clara y sencilla su exposición.
- Se ofrecen fotografías que refuerzan el aprendizaje de los contenidos tratados.
- Se proponen actividades para que los alumnos y las alumnas trabajen sobre los contenidos estudiados.

3 El trabajo con las actividades

Mediante las actividades se pretende que los alumnos y las alumnas participen activamente en su proceso de adquisición de valores.

Entre ellas, destacan dos tipos especialmente importantes en esta materia:

- Las que pretenden fomentar el Pensamiento crítico, para desarrollar la propia personalidad moral.
- Las que requieren del Aprendizaje cooperativo, pues los valores se adquieren en un grupo de referencia.

4 Taller de valores y Emprende y aprende

- El apartado Taller de valores plantea situaciones en las que es necesario aplicar los valores éticos para profundizar en ellas.
- El apartado Emprende y aprende trata de potenciar la creatividad, la autoestima, la responsabilidad, la motivación y la planificación a través de la propuesta de una actividad que los alumnos y las alumnas deben realizar tomando la iniciativa y siendo ellos los protagonistas del proceso de aprendizaje.

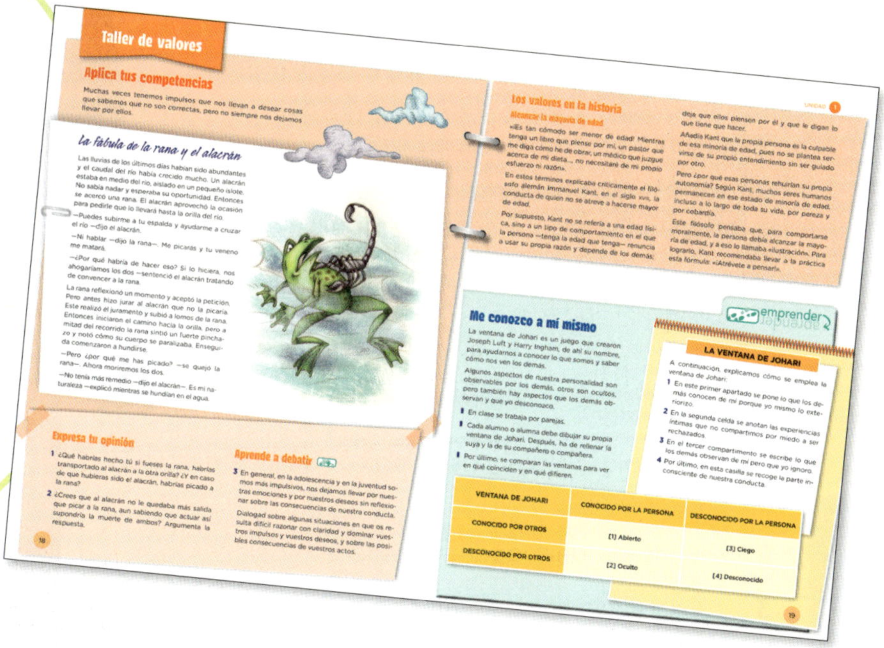

La web del alumnado y de la familia en anayaeducacion.es

¿Qué es? Un espacio lleno de recursos digitales para mejorar tu aprendizaje.

¿Cómo accedo? Regístrate en nuestra web e introduce el número de licencia que encontrarás al abrir este libro.

¿Cuándo accedo? Cuando el icono indique que en **www.anayaeducacion.es** dispones de recursos relacionados con el contenido que estás estudiando. Y, por supuesto, visita la web siempre que quieras descubrir y aprender más.

1

Ser adolescente

La batalla por la autoafirmación

La división de la vida humana en etapas es relativa: no hay un momento concreto en el que alguien deje la infancia y pase a la juventud.

La adolescencia representa un período intermedio, una fase de transición entre la infancia y la vida adulta. Es un momento en el que se producen muchos cambios físicos y psicológicos.

Pero también es un fenómeno cultural y social: en la adolescencia necesitamos nuestra personalidad frente a los demás y frente al mundo recién descubierto.

En la adolescencia buscas el modo de construir tu personalidad, de enfocar tu proyecto vital. En definitiva, buscas lo esencial en ti.

En esta etapa de la vida formamos parte de grupos de amistades y en ellos compartimos posturas ante la vida con las que nos identificamos. En estos grupos descubrimos de manera conjunta problemas y soluciones.

El autocontrol nos hace más libres al hacernos más independientes de nuestra impulsividad.

No ser como los demás no debe afectar a la autoestima.

En esta unidad vas a estudiar

1. Los cambios físicos y psicológicos que identifican la adolescencia.
2. La crisis de identidad en la adolescencia.
3. La existencia entre iguales en la adolescencia.
4. La utilidad del autocontrol y la autoestima.

Reflexionamos

La importancia del aspecto físico

El aterrador cómputo de estudiantes del instituto de Forks era de tan solo trescientos cincuenta y siete, ahora trescientos cincuenta y ocho. Solamente en mi clase de tercer año en Phoenix había más de setecientos alumnos. Todos los jóvenes de por aquí se habían criado juntos y sus abuelos habían aprendido a andar juntos. Yo sería la chica nueva de la gran ciudad, una curiosidad, un bicho raro.

Tal vez podría utilizar eso a mi favor si tuviera el aspecto que se espera de una chica de Phoenix, pero físicamente no encajaba en modo alguno. Debería ser alta, rubia, de tez bronceada, una jugadora de voleibol o quizá una animadora, todas esas cosas propias de quienes viven en el Valle del Sol.

Por el contrario, mi piel era blanca como el marfil a pesar de las muchas horas de sol de Arizona, sin tener siquiera la excusa de unos ojos azules o un pelo rojo. Siempre he sido delgada, pero más bien flojucha y, desde luego, no una atleta. Me faltaba la coordinación suficiente para practicar deportes sin hacer el ridículo o dañar a alguien, a mí misma o a cualquiera que estuviera demasiado cerca.

[...] Mientras me enfrentaba a mi pálida imagen en el espejo, tuve que admitir que me engañaba a mí misma. Jamás encajaría, y no solo por mis carencias físicas. Si no me había hecho un huequecito en una escuela de tres mil alumnos, ¿qué posibilidades iba a tener aquí? No sintonizaba bien con la gente de mi edad. Bueno, lo cierto es que no sintonizaba bien con la gente. Punto. Ni siquiera mi madre, la persona con quien mantenía mayor proximidad, estaba en armonía conmigo; no íbamos por el mismo carril. A veces me preguntaba si veía las cosas igual que el resto del mundo. Tal vez la cabeza no me funcionara como es debido.

Pero la causa no importaba, solo contaba el efecto. Y mañana no sería más que el comienzo.

Stephenie Meyer, *Crepúsculo,* Alfaguara.

Dialogamos

1 ¿Consideráis que el aspecto físico determina cómo se ha de tratar a una persona? Argumentad la respuesta y dialogad sobre el tema.

2 ¿En la adolescencia es justo rechazar a otros debido a su aspecto físico o a su forma de vestir, por ejemplo?

1 Entre la infancia y la juventud

1.1 La adolescencia

La división de la vida humana en etapas es relativa: no hay un momento concreto en el que alguien abandone la infancia e ingrese en la juventud. La adolescencia es un período intermedio, y suele entenderse como una fase de transición entre la infancia y la vida adulta. La Organización Mundial de la Salud la sitúa entre los diez y los diecinueve años. Es más temprana en las mujeres que en los hombres.

Es una etapa en la que se producen muchas transformaciones, tanto físicas como psicológicas, la mayoría relacionadas con la maduración sexual. Algunas de ellas son muy evidentes: cambian la piel y la voz, aumenta nuestra estatura, se marcan los rasgos sexuales... El aspecto de niños y niñas va dejando lugar al de hombres y mujeres. Otros cambios, incluso siendo físicos, no son tan visibles: hay estudios que sugieren que la modificación de la conducta adolescente puede estar relacionada con alteraciones del ADN que afectan al funcionamiento de las neuronas y al desarrollo cerebral.

1.2 Cambiamos

La adolescencia es un momento decisivo de la vida y, aunque tiene complicaciones, también es una experiencia apasionante. Los cambios físicos y emocionales sitúan al adolescente ante un mundo de sensaciones desconocidas que afectan a su conducta.

En la adolescencia se producen enormes cambios tanto físicos como emocionales.

Las descargas hormonales hacen que el estado emocional fluctúe: unas veces estamos felices y eufóricos; otras, abatidos sin razón aparente. No es raro que las actitudes agresivas y los impulsos sexuales se vuelvan difíciles de gestionar, llevando, en ocasiones, al individuo ante complicaciones que debe resolver eficazmente.

Lo cierto es que, desde el punto de vista del comportamiento, se producen alteraciones que desconciertan tanto al adolescente como a las personas que están a su alrededor.

Cuando estos cambios de conducta derivan en problemas, reconocerlo puede ayudarnos a resolverlos, porque nada disculpa nuestra responsabilidad sobre lo que hacemos. La edad nos permite explicar y entender mejor por qué alguien actúa de un modo determinado, pero nunca es una excusa para obrar incorrectamente.

En la adolescencia, las alteraciones del estado de ánimo se deben a los cambios hormonales que se producen en nuestros cuerpos.

1.3 Adolescencia y sociedad

La adolescencia es también un fenómeno cultural y social. En las sociedades más primitivas y menos complejas, cuando los individuos alcanzan la madurez sexual, son admitidos en la sociedad adulta mediante ritos de iniciación, en los que se les enseñan las técnicas de caza, sus funciones sociales y las prácticas de las relaciones sexuales.

En nuestra sociedad, por el contrario, la adolescencia se prolonga durante ocho o nueve años. Una de las razones es que lograr la independencia social y económica es más difícil en la actualidad que en las sociedades precedentes. Por ejemplo, el nivel de cualificación profesional que es necesario en las sociedades avanzadas es mucho mayor que en las sociedades primitivas, como lo atestigua el hecho de que dediques muchos años de tu vida a la preparación en diferentes estudios.

En ocasiones, este desfase genera situaciones conflictivas, dado que en la adolescencia se sienten impulsos de vivir de forma autónoma, pues los individuos se creen suficientemente mayores y prefieren la compañía de sus iguales a la de su propia familia. Sin embargo, en nuestra sociedad, debe permanecer junto a esta y, como no puede ser menos, respetar las normas establecidas en su casa.

Se trata de una etapa en la que todos los miembros de la familia se ven obligados a mostrarse especialmente pacientes con sus componentes adolescentes. En los momentos más complicados, debemos recordar que la adolescencia es un período transitorio.

Comprende, piensa, investiga...

1 Define la adolescencia con la información de este apartado.

2 ¿En qué sentido se dice que la adolescencia también es un «fenómeno cultural y social»?

3 **Evaluar.** ¿Qué cambios has experimentado en tu conducta de adolescente? Anota los que debes corregir para evitar conflictos.

2 Conócete a ti mismo

2.1 El oráculo de Delfos

Según Pausanias, geógrafo e historiador del siglo II, en el templo dedicado al dios Apolo, en Delfos, estaba escrito este aforismo: «Conócete a ti mismo», cuyo significado original era: recuerda que eres un ser humano y no un dios; es decir, que tienes virtudes y poderes, pero que también eres un ser limitado. La sabiduría, según esto, comienza con el propio conocimiento de nuestras capacidades y de nuestros límites.

Este imperativo se vuelve más apremiante en la adolescencia, dado que las transformaciones nos desconciertan y a veces nos hacen actuar sin pensar, incluso, de un modo contrario a como querríamos.

Empezamos a plantearnos problemas vitales que antes no teníamos en cuenta, algunos de los cuales se recogen en el título de una obra del pintor Paul Gauguin: *¿De dónde venimos? ¿Quiénes somos? ¿Adónde vamos?*

En la infancia se vive, en buena medida, despreocupadamente, pero en la juventud las personas se están preparando para tomar decisiones importantes que afectan a su vida. Por ello, comenzamos a formularnos preguntas de un marcado carácter filosófico: ¿cuál es el sentido de la vida? Pero no se trata de una duda meramente abstracta, sino que tiene consecuencias concretas: ¿qué voy a hacer yo con la mía?

Templo de Apolo en Delfos (Grecia).

Conocerse a sí mismo, como se recomendaba en el templo de Apolo, es una necesidad apremiante en la adolescencia.

2.2 Crisis de identidad

De pequeños, no nos preocupa quiénes somos. De adultos, todos nos reconocemos por una imagen externa, unas formas de ser y de actuar particulares, y también una manera determinada de vestir y unos gustos concretos.

En la adolescencia, sin embargo, estas peculiaridades que nos identifican parecen encontrarse en medio de un huracán pasional. Atravesamos una crisis de identidad y tememos naufragar. Resulta evidente que hemos superado la etapa infantil, incluso nos molesta que en nuestras familias o en el instituto los adultos nos tratan como si fuesemos pequeños.

Nos sentimos distintos, pero no sabemos todavía qué tipo de persona deseamos ser. Esta situación desconcierta a las personas que empiezan a dudar sobre sí mismas. Esa reflexión se denomina «introspección» y nos sitúa ante todo un mundo nuevo y desconocido que, sin embargo, está muy cerca, en nuestro interior.

2.3 Una nueva forma de estar en el mundo

Mientras somos pequeños, el tiempo pasa sin enterarnos, estamos siempre entretenidos y vivimos inmersos en el mundo que nos rodea. El mundo es nuestra propia vida y nos sentimos felices jugando en él. No hay preocupaciones ni deberes ni interrogantes inoportunos. Si estamos bien, disfrutamos y reímos; si algo nos sienta mal o nos hace daño, protestamos y lloramos, y ahí se acaba todo.

En la adolescencia descubrimos el aburrimiento y la soledad, dos estados de ánimo que responden a nuestra nueva forma de estar en el mundo. Entre mi entorno y yo se ha producido una separación. Por eso, a veces nos aburrimos con todo lo que tenemos y nos rodea. Sentimos que los demás no nos entienden, nos encerramos en nuestro «yo» para explorar y huir de un mundo que se nos ha hecho extraño. Ahora tenemos que empezar a abrirnos camino por nuestros propios medios.

Se podría decir que pasamos de una vida natural, la de la infancia, a una vida moral, que debemos construir desde la adolescencia. Ahora bien, podemos apoyarnos en la experiencia y en los consejos de los adultos que nos rodean, nos quieren y nos cuidan. Entonces, es importante que, a pesar de que en ocasiones suponga un gran esfuerzo, refrenemos las ansias juveniles y escuchemos lo que nos dicen. Tomarnos tiempo para decidir correctamente nos ayudará a evitar algunos de los llamados «errores de juventud», cuyas consecuencias a veces son muy duraderas.

Bien manejada, la adolescencia resultará muy enriquecedora.

Comprende, piensa, investiga...

1 **Justificar.** ¿Estás de acuerdo con que es importante conocernos a sí mismo? Argumenta tus razones

2 Busca una definición de introspección y observa si es un comportamiento que se lleva a cabo por igual en todas las edades.

3 No hace mucho tiempo que has abandonado la niñez, ¿qué es lo que más echas de menos de esa etapa?

Paul Gauguin: *¿De dónde venimos? ¿Quiénes somos? ¿Adónde vamos?*

Tras la salida de la niñez, en la adolescencia se plantean por primera vez problemas vitales que antes no te preocupaban.

3 Grupos de adolescentes

3.1 La adaptación al grupo de iguales

El tránsito a la adolescencia crea muchas inseguridades, se tienen bruscos cambios de humor, las personas no se entienden a sí mismos, la familia pierde importancia inmediata en nuestra vida, nos cuesta más seguir las instrucciones de nuestro padre y de nuestra madre y nos sentimos más ligados a otras personas de nuestra edad.

Dejar la niñez supone separarse de los adultos. La distancia, que en ocasiones se convierte en un abismo, se vive de forma traumática cuando adquiere formas de enfrentamiento, de rebeldía, de crítica de lo que hasta entonces se ha vivido en la familia.

La relación con tu padre y con tu madre y con los docentes se hace problemática: discusiones, enfados, riñas... En la adolescencia aparecen algunos comportamientos violentos, porque en esta etapa crece nuestra impulsividad y todavía no tenemos desarrollados nuestros sistemas de autocontrol.

Necesitamos de forma imperiosa ser aceptados por el grupo de amistades más próximas, aun a costa de tener que hacer cosas, expresar ideas y aceptar actitudes de los demás con las que no estamos totalmente de acuerdo.

En la adolescencia se forman grupos que permiten compartir posturas con las que nos identificamos ante la vida. Se descubren problemas y soluciones juntos, acompañados de aciertos y de errores.

Durante la adolescencia, el grupo de amistades adquiere mucha importancia e influye profundamente en el comportamiento de las personas.

3.2 Grupos y tribus

No siempre resulta fácil encontrar un colectivo de personas de edades similares que nos resulte satisfactorio. No obstante, en este período se busca con quién compartir intereses, preocupaciones, aficiones y soluciones. Esto lleva incluso a la creación de las llamadas «tribus urbanas», que se suelen identificar por su modo de vestir, por la música que escuchan o por las actividades que realizan.

Los tipos varían con el tiempo porque es muy importante distinguirse de los demás. *Heavies*, góticos o *hipsters* se reconocen entre ellos, se identifican y defienden su modo de vivir como el más auténtico.

En la adolescencia las «tribus urbanas» satisfacen la necesidad de los adolescentes de distinguirse de los demás y, al mismo tiempo, de pertenecer a un grupo.

3.3 La autoafirmación

En la adolescencia los individuos necesitan afirmarse a sí mismos frente a los demás y frente al mundo recién descubierto, tanto exterior como interior, en el que nos empezamos a mover.

Esta necesidad de afirmación personal se expresa de múltiples formas: ya no aceptamos de buen grado que nos digan cómo tenemos que vestirnos; cambiamos nuestro corte y color del pelo, pasamos mucho tiempo delante del espejo...

Nuestra imagen se convierte en una preocupación muy importante, nos sentimos inseguros justo en el momento en el que deseamos con mayor intensidad agradar, ser aceptados y queridos por los amigos y por las amigas con los que emprendemos el camino hacia la edad adulta. Estamos en la adolescencia.

Junto a la satisfacción que nos proporcionan los retos que vamos a afrontar, también existen peligros que pueden perjudicar nuestro desarrollo. El tabaquismo y el alcoholismo son dos ejemplos de adicciones que comienzan en este período. Pero hay otros riesgos, como los trastornos alimenticios o el aislamiento angustioso que puede llevar a la desesperación y a la depresión.

Frecuentemente, al individuo adolescente, llevado por el deseo de reconocimiento, le surgen enfrentamientos con los adultos que lo rodean y procuran su bienestar sin calcular las consecuencias.

Estas circunstancias, en algunas ocasiones, pueden poner en riesgo nuestro futuro, por lo que a veces resulta conveniente pedir ayuda, empezando por los adultos que nos aprecian y siguiendo por personas especializadas si es necesario.

Comprende, piensa, investiga...

1 **Justificar.** ¿Crees que la familia pierde importancia en la adolescencia?

2 En grupos, averiguad qué caracteriza a algunas tribus urbanas y buscad ejemplos de cómo actúan. ¿Os parece ventajoso pertenecer a alguna o es mejor mantenerse al margen?

3 ¿Cuáles son los motivos más frecuentes de desacuerdo con tu padre y con tu madre o con tus docentes?

4 Valorad en común si en la adolescencia se es más vulnerable que los adultos a las malas influencias. Argumentad vuestras razones.

4 Tener personalidad

4.1 La impulsividad

Durante la niñez, nuestra conducta está orientada por unos intereses muy vinculados a las necesidades biológicas. Las reacciones son impulsivas: de pequeños queremos satisfacer nuestras necesidades cuanto antes.

Esta impulsividad se mantiene también en la adolescencia, aunque en su caso varíe el objeto de sus deseos con respecto a la niñez. Ahora se centran en vestir de un modo determinado, en exigir nuevas libertades...

Esa impulsividad es, en principio, beneficiosa: se puede transformar en el deseo de mejorar el mundo, de adquirir conocimiento y apreciar la belleza, en compromiso con ideales altruistas... Pero también se puede convertir en una fuente de conflictos con tu padre y con tu madre y con tus docentes.

Es muy frecuente que las observaciones de los adultos se vivan como prohibiciones que limitan la propia libertad y provoquen reacciones de rebeldía agresiva.

Debes entender que tú tampoco eres fácil de tratar para los adultos. Muchas veces no saben cómo comportarse contigo porque tú reaccionas de formas muy diferentes, según tu estado de ánimo, que es muy variable.

Otras personas se refugian en actitudes infantiles, acercándose incluso a lo que el psicólogo norteamericano Dan Kiley denominó «síndrome de Peter Pan», que afecta a quienes se comportan como si todavía estuvieran en la niñez a pesar de haber superado esa edad.

Una buena guía para afrontar estas dificultades suele consistir en tratar de ponerse en el lugar de la otra persona, comprender cuál es su punto de vista y sus inquietudes.

El comportamiento impulsivo en la adolescencia está influido por el cambio del estado de ánimo.

4.2 El autocontrol

De lo dicho anteriormente se deduce la conveniencia e incluso la necesidad del autocontrol, ya que si somos capaces de retardar la satisfacción de nuestros impulsos y de nuestros deseos, aumenta nuestra capacidad de elegir lo que más nos conviene y lo que conviene a las personas que nos rodean.

El autocontrol nos hace más libres al hacernos más independientes de nuestra impulsividad. Y con ello nos capacitamos para construir nuestra vida moral, elegir nuestros fines y adaptar nuestra conducta al respeto a los demás, aunque seamos diferentes.

Como es lógico, esta necesidad de autocontrol se hace más apremiante justo en el momento en el que más nos cuesta. Ahora bien, existen técnicas de relajación que pueden ayudarnos a conseguirlo. Todas ellas procuran acabar con los pensamientos obsesivos y sustituir su negatividad por otras ideas más positivas. Para ello, puede resultar muy útil empezar por reconocer lo que nos irrita para alejarnos de ello buscando alguna distracción.

4.3 La autoestima y el sentido crítico

Cuando en la adolescencia el grupo de amistades se convierte en la referencia fundamental de nuestras relaciones sociales, se corre el riesgo de perder la propia iniciativa. No hay que olvidar que cada persona es distinta. Tú puedes ser más tranquilo y otro más rebelde, estar más a gusto con tus amigos y amigas o con tu familia...

No ser como los demás no debe afectar a la autoestima. El sentido crítico ayuda a no aceptar sin más lo primero que se te presenta, a diferenciar los intereses de tus amistades de los tuyos. No se trata de estar criticando a todas horas a los demás, sino de conservar la capacidad de decisión personal bien razonada.

En último término, la clave es reflexionar sobre qué es lo correcto y procurar hacerlo, tanto cuando coincide con el grupo como cuando nos separa de él. Así podremos estar en conformidad con lo que somos: quien hace las cosas lo mejor posible no está obligado a más.

Comprende, piensa, investiga...

1 **Justificar.** ¿Consideras que en los enfrentamientos filio-parentales suelen tener razón las hijas y los hijos? Razona tu respuesta.

2 Investiga sobre técnicas de relajación y de autocontrol. Ponlas en práctica y anota si te resultan eficaces o no.

3 Pon algún ejemplo de autocontrol que resulte beneficioso.

En la adolescencia se debe aprender a controlar los deseos y los impulsos

Taller de valores

Aplica tus competencias

Muchas veces tenemos impulsos que nos llevan a desear cosas que sabemos que no son correctas, pero no siempre nos dejamos llevar por ellos.

La fábula de la rana y el alacrán

Las lluvias de los últimos días habían sido abundantes y el caudal del río había crecido mucho. Un alacrán estaba en medio del río, aislado en un pequeño islote. No sabía nadar y esperaba su oportunidad. Entonces se acercó una rana. El alacrán aprovechó la ocasión para pedirle que lo llevará hasta la orilla del río.

—Puedes subirme a tu espalda y ayudarme a cruzar el río —dijo el alacrán.

—Ni hablar —dijo la rana—. Me picarás y tu veneno me matará.

—¿Por qué habría de hacer eso? Si lo hiciera, nos ahogaríamos los dos —sentenció el alacrán tratando de convencer a la rana.

La rana reflexionó un momento y aceptó la petición. Pero antes hizo jurar al alacrán que no la picaría. Este realizó el juramento y subió a lomos de la rana. Entonces iniciaron el camino hacia la orilla, pero a mitad del recorrido la rana sintió un fuerte pinchazo y notó cómo su cuerpo se paralizaba. Enseguida comenzaron a hundirse.

—Pero ¿por qué me has picado? —se quejó la rana—. Ahora moriremos los dos.

—No tenía más remedio —dijo el alacrán—. Es mi naturaleza —explicó mientras se hundían en el agua.

Expresa tu opinión

1 ¿Qué habrías hecho tú si fueses la rana, habrías transportado al alacrán a la otra orilla? ¿Y en caso de que hubieras sido el alacrán, habrías picado a la rana?

2 ¿Crees que al alacrán no le quedaba más salida que picar a la rana, aun sabiendo que actuar así supondría la muerte de ambos? Argumenta la respuesta.

Aprende a debatir

3 En general, en la adolescencia y en la juventud somos más impulsivos, nos dejamos llevar por nuestras emociones y por nuestros deseos sin reflexionar sobre las consecuencias de nuestra conducta.

Dialogad sobre algunas situaciones en que os resulta difícil razonar con claridad y dominar vuestros impulsos y vuestros deseos, y sobre las posibles consecuencias de vuestros actos.

Los valores en la historia

Alcanzar la mayoría de edad

«¡Es tan cómodo ser menor de edad! Mientras tenga un libro que piense por mí, un pastor que me diga cómo he de obrar, un médico que juzgue acerca de mi dieta..., no necesitaré de mi propio esfuerzo ni razón».

En estos términos explicaba críticamente el filósofo alemán Immanuel Kant, en el siglo XVIII, la conducta de quien no se atreve a hacerse mayor de edad.

Por supuesto, Kant no se refería a una edad física, sino a un tipo de comportamiento en el que la persona —tenga la edad que tenga— renuncia a usar su propia razón y depende de los demás; deja que ellos piensen por él y que le digan lo que tiene que hacer.

Añadía Kant que la propia persona es la culpable de esa minoría de edad, pues no se plantea servirse de su propio entendimiento sin ser guiado por otro.

Pero ¿por qué esas personas rehuirían su propia autonomía? Según Kant, muchos seres humanos permanecen en ese estado de minoría de edad, incluso a lo largo de toda su vida, por pereza y por cobardía.

Este filósofo pensaba que, para comportarse moralmente, la persona debía alcanzar la mayoría de edad, y a eso lo llamaba «ilustración». Para lograrlo, Kant recomendaba llevar a la práctica esta fórmula: «¡Atrévete a pensar!».

emprender aprender

Me conozco a mí mismo

La ventana de Johari es un juego que crearon Joseph Luft y Harry Ingham, de ahí su nombre, para ayudarnos a conocer lo que somos y saber cómo nos ven los demás.

Algunos aspectos de nuestra personalidad son observables por los demás, otros son ocultos, pero también hay aspectos que los demás observan y que yo desconozco.

- En clase se trabaja por parejas.
- Cada alumno o alumna debe dibujar su propia ventana de Johari. Después, ha de rellenar la suya y la de su compañero o compañera.
- Por último, se comparan las ventanas para ver en qué coinciden y en qué difieren.

LA VENTANA DE JOHARI

A continuación, explicamos cómo se emplea la ventana de Johari:

1 En este primer apartado se pone lo que los demás conocen de mí porque yo mismo lo exteriorizo.

2 En la segunda celda se anotan las experiencias íntimas que no compartimos por miedo a ser rechazados.

3 En el tercer compartimento se escribe lo que los demás observan de mí pero que yo ignoro.

4 Por último, en esta casilla se recoge la parte inconsciente de nuestra conducta.

VENTANA DE JOHARI	CONOCIDO POR LA PERSONA	DESCONOCIDO POR LA PERSONA
CONOCIDO POR OTROS	[1] Abierto	[3] Ciego
DESCONOCIDO POR OTROS	[2] Oculto	[4] Desconocido

2

Forjar el carácter

La prudencia y la buena vida

Hemos de estar preparados para afrontar con éxito los retos que se nos presentan en la vida.

La prudencia es la virtud que nos permite actuar correctamente ante los riesgos, aunque ello implique mucho esfuerzo. Ser prudente no es actuar con miedo ni con indiferencia.

Hay que elegir bien los medios que vas a utilizar para fortalecer tu carácter, y la mejor táctica es no desfallecer ante las adversidades.

El ser humano es capaz de proyectarse en el futuro, porque puede adelantarse a los acontecimientos y prever las consecuencias de sus decisiones.

Con el temperamento se nace, depende de nuestra constitución biológica y genética. El carácter, por el contrario, se forma y se educa.

La resiliencia nos permite salir airosos y fortalecidos de la frustración.

Repitiendo actos adquirimos hábitos, por lo que los actos buenos generan hábitos buenos. Estos son los que Aristóteles llamaba virtudes.

Educar consiste en hacer y extraer lo mejor de cada persona. La educación es formación en todos los órdenes de la vida.

En esta unidad vas a estudiar

1. Por qué es importante ser prudente.
2. Los medios para construir nuestro proyecto de vida.
3. Cómo vencer la frustración y utilizar la resiliencia.
4. Lo congénito y lo adquirido por medio de la educación en la construcción del yo.

Reflexionamos

Vivir encerrada

Pressia está tendida en el armario. Así dormirá cuando cumpla los dieciséis años dentro de dos semanas: con la dureza del contrachapado presionándole la espalda, el aire cerrado y las motas de ceniza acumuladas. Tendrá que ser fuerte para sobrevivir a esto; fuerte, sigilosa y, por la noche, cuando la ORS patrulle las calles, invisible.

Empuja la puerta con el codo y ahí está el abuelo, acomodado en su silla junto a la puerta del callejón. [...]

—Entonces, ¿qué? ¿Crees que podrás dormir ahí? —le pregunta el abuelo—. ¿Te gusta?

Pressia detesta el armario, pero no quiere herir sus sentimientos.

—Me siento como un peine en su estuche —se le ocurre decir. [...]

En cuanto cumpla los dieciséis años se verá confinada al almacén y a dormir en el armario. Su abuelo le ha hecho prometer, una y otra vez, que no saldrá a la calle. «Sería muy peligroso —suele decirle—. Mi corazón no lo soportaría».

Ambos conocen los rumores sobre lo que les ocurre a los que no se presentan en el cuartel general de la ORS el día de su decimosexto cumpleaños: les dan caza mientras duermen o mientras caminan a solas por los escombrales; les dan caza sin importar a quién hayan sobornado o por cuánto. El abuelo, ni que decir tiene, no puede permitirse pagarle nada a nadie.

Al que no se presenta por las buenas lo arrestan. Eso no es un rumor, es la verdad. Se cuenta que te arrestan y te llevan a la periferia, donde te desenseñan a leer (en el caso de que sepas, como Pressia). [...] Se rumorea que después te enseñan a matar utilizando blancos humanos. Y se dice también que o aprendes a matar o, si las Detonaciones te dejaron demasiado deforme, te usan como blanco humano y se te acabó la historia.

Julianna Baggott, *Puro. La cúpula I*, Roca Editorial.

Dialogamos

1 Bajo esas condiciones, ¿crees que Pressia podrá ser prudente? ¿Cómo podrá construir su personalidad?

2 El estado en el que vive la juventud de dieciséis años, ¿puede causarles frustración? ¿Qué metas podrán ponerse en sus vidas?

1 La prudencia

1.1 Un viaje sin retorno

Los poetas, y también muchos filósofos, tienen la rara habilidad de decir con pocas y bellas palabras lo que los demás presentimos de un modo oscuro. Las metáforas del viaje, del camino, del río que fluye, que utilizan repetidamente para describir la vida, iluminan en cada época nuestra existencia y sus vicisitudes cotidianas.

En el siglo XV, Jorge Manrique (1440-1479), en las *Coplas por la muerte de su padre,* nos recuerda la fugacidad de la vida:

Nuestras vidas son los ríos
que van a dar en la mar,
que es el morir.

Más recientemente, Antonio Machado (1875-1939), en *Campos de Castilla,* nos advierte de que la vida es un viaje que dependerá de las decisiones que tomemos en cada momento:

Caminante, son tus huellas
el camino, y nada más;
caminante, no hay camino,
se hace camino al andar.

Al andar se hace camino,
y al volver la vista atrás
se ve la senda que nunca
se ha de volver a pisar.

Es probable que nunca te hayas detenido a meditar sobre estos temas. Eres joven y tienes toda la vida por delante. Eso no impide que reconozcas que lo que no hagas por ti mismo con tu vida nadie lo va a hacer por ti. Los demás pueden orientarte, pero solo tú decides el rumbo que emprendes.

1.2 Estar preparados

Hay profesiones (policía, bombero o militar) que implican enfrentarse a situaciones muy peligrosas. Recuerda, por ejemplo, el trabajo del cuerpo de bomberos de Nueva York tras los atentados del 11 de septiembre de 2001, en el World Trade Center, o el riesgo que corren los miembros del cuerpo de policía en una redada para detener a una célula terrorista. En ninguna de estas acciones u otras semejantes se puede improvisar. En determinadas profesiones sus miembros tienen que estar preparados para actuar en condiciones extremas. Por eso se entrenan diariamente de un modo muy concienzudo.

En cierto modo, por el simple hecho de ser humanos y de no saber lo que nos va a suceder, tenemos que estar preparados para poder afrontar con éxito las tareas de la vida. No puedes esperar llegar a participar en competiciones atléticas de alto nivel si no empiezas a entrenar y a tener disciplina desde joven. Es una quimera pretender tener éxito como cantante si no ensayas duramente y educas tu voz. Nunca llegarás a ser lo que quieres ser si no lo intentas y te preparas desde ahora, asumiendo el esfuerzo que tal tarea requiere.

Al igual que los miembros de ciertas profesiones de riesgo, tenemos que estar preparados para afrontar las situaciones de nuestra vida.

1.3 Sé prudente

La prudencia es una virtud que debemos cultivar, pues nos ayuda a evitar los riesgos excesivos y a afrontar aquellos que podemos superar.

¿Qué es la prudencia? Empecemos por decir lo que no es. Ser prudente no es actuar con miedo o por temor, eso es ser timorato o pusilánime. Tampoco podemos considerar prudente a alguien que, ante cualquier dificultad, se mantiene al margen y no actúa. A este lo llamaríamos pasota o indiferente.

La prudencia, sin embargo, es una virtud: una forma de ser excelente que nos permite actuar con éxito ante aquellos riesgos que sabemos que se pueden superar, aunque ello implique mucho esfuerzo.

Muchos filósofos consideran que la prudencia es la virtud fundamental, pues con ella estamos en disposición de hacer del camino de la vida algo provechoso y feliz para todos. En concreto, Aristóteles pensaba que se adquiría mediante el esfuerzo constante por realizar lo correcto. Según él, igual que el arquero se entrena para acertar con más frecuencia en el centro de la diana, el ser humano tiene que procurar evitar los comportamientos extremos hasta adquirir el hábito de atinar prudentemente en nuestras acciones.

Comprende, piensa, investiga...

1. Investiga sobre la vida y la obra de los poetas citados en este apartado. Averigua si la metáfora del río se ha utilizado en otras ocasiones y pon algún otro ejemplo.

2. En los centros educativos es obligatorio realizar simulacros de evacuación para estar preparados, por ejemplo, en caso de incendio o de otros desastres. ¿Creéis que puede ser beneficioso? ¿Sería prudente no hacerlos alegando que se interrumpen las clases, se acorta el recreo, se suspenden exámenes...? Debatid sobre el tema.

3. ¿Qué crees que quieren decir los adultos cuando os recomiendan que seáis prudentes?

2 Proponerse metas

2.1 Estrategia y táctica

En las grandes carreras ciclistas, los corredores y los equipos tienen un plan. Por ejemplo, los equipos preparan la Vuelta o el Tour y se proponen unos objetivos generales: ganar la carrera, ganar una etapa, estar en algunas escapadas... Estos objetivos, que dependen del potencial con el que cuente cada equipo y de sus intereses comerciales, constituyen lo que se llama la estrategia.

La estrategia, sin embargo, hay que ir adaptándola a cada circunstancia que se presenta en las distintas etapas de la carrera, y a esto lo llamamos la táctica. Por ejemplo, si tenemos previsto, como estrategia de equipo, ganar la Vuelta, el equipo tiene que vigilar en cada etapa a los posibles rivales de su líder.

Estrategia y táctica se comenzaron a aplicar en la guerra para después extenderse a muchos otros aspectos de la vida: el deporte, el comercio, la política... También podemos aplicar estas técnicas a nuestra vida personal. En este caso, la estrategia consiste en elegir bien los medios para fortalecer tu carácter, y la mejor táctica es no desfallecer ante las adversidades.

2.2 Utilizar los medios adecuados

Si quieres convertirte en docente o en auxiliar de enfermería o de laboratorio, tienes que ir eligiendo en cada curso las materias que, una vez superadas, te permitan realizar los estudios necesarios. Algo parecido sucede con nuestra vida moral: si quieres ser una persona solidaria, trabajadora, eficiente..., tendrás que elegir los medios adecuados para conseguirlo.

Como los equipos ciclistas, necesitamos una estrategia y una táctica para mejorar nuestra vida personal fortaleciendo nuestro carácter sin desfallecer ante las adversidades.

Una actitud prudente para alcanzar estos objetivos es aprovechar la experiencia ajena y dejarte aconsejar por personas más experimentadas que tú. Pero incluso eso exige que sepas escoger en quién confías. No todo el mundo va a recomendarte lo que es mejor para ti.

Seleccionar correctamente a las personas en las que queremos apoyarnos, meditar adecuadamente las decisiones más importantes que van a afectar a nuestro futuro y poner mucho empeño en actuar del mejor modo posible son algunos de los medios que nos ayudarán a llegar adonde queremos. Ese «adonde» es lo que constituye el objetivo de nuestro proyecto vital y personal.

Según Ortega, nuestra vocación profesional forma parte de nuestro proyecto vital, aunque debe estar supeditada al tipo de persona que queremos ser.

2.3 Somos un proyecto

El filósofo José Ortega y Gasset (1883-1955) afirmaba que el ser humano es un ser proyectivo; es decir, tiene la capacidad de proyectarse hacia el futuro, adelantándose a los acontecimientos y previendo las consecuencias de sus decisiones.

Según Ortega, nuestro proyecto vital, la meta a la que queremos dirigir nuestra existencia y que constituye nuestra razón de ser, es lo que se conoce como «vocación».

Se suele relacionar este término con determinadas ocupaciones que requieren una especial dedicación: la medicina, el sacerdocio, la educación. Pero, en el sentido en el que lo utiliza Ortega, todo ser humano, por el mero hecho de serlo, está llamado a realizar su proyecto vital. De ahí el término «vocación», del latino *vocare,* que significa 'llamar' o 'ser llamado'.

No obstante, Ortega precisa que la profesión que deseamos desarrollar está al servicio de esa otra vocación más fundamental: el tipo de persona que queremos ser.

No siempre conseguimos realizar esa vocación y, como veremos más adelante, también tenemos que estar preparados para aceptarlo. Igual que la perseverancia nos ayuda a alcanzarla cuando nos proponemos una meta correcta, también debemos aprender a tolerar la frustración.

Ningún ser humano consigue todo lo que desea. Al fin y al cabo, si la vida es un camino, la felicidad no puede estar en la meta, sino en la satisfacción de recorrerlo.

Comprende, piensa, investiga...

1 Expresa lo que entiendes por estrategia y por táctica. Pon algún ejemplo que tenga relación con tu proyecto vital.

2 **Identificar.** Concreta alguna meta que te propongas lograr y determina qué medios pueden ayudarte a conseguirla.

3 ¿Qué pensarías de un compañero o de una compañera que tiene grandes aspiraciones y, sin embargo, no hace sus deberes cotidianos en la escuela? Razona tu respuesta, compártela con la clase y debatid sobre el asunto.

3 Tolerar la frustración

3.1 Temperamento y carácter

Los filósofos antiguos pensaban que la forma de ser de cada persona, o la forma de comportarnos, nuestra manera de reaccionar ante diferentes acontecimientos o de enfrentarnos a la vida, estaba relacionada con el alma. El alma, *anima* en latín, según su forma de pensar era lo que determinaba la forma de ser de los seres vivos.

En la actualidad, los psicólogos tratan de explicar nuestra forma de ser empleando los conceptos de temperamento y carácter. Con el temperamento se nace, depende de nuestra constitución biológica y genética. El carácter, por el contrario, se forma y educa. El temperamento es la base biológica del carácter, y este, que constituye nuestro «yo», puede encauzar o dirigir las manifestaciones espontáneas de aquel. Ambos forman nuestra personalidad.

A veces nos preguntamos si los deportistas o si los artistas nacen o se hacen; es decir, si para destacar en un ámbito determinado de la actividad humana, lo fundamental es tener unas cualidades concretas o si resulta más importante el esfuerzo que hay que invertir para lograrlo.

Ambos aspectos, las cualidades innatas y el esfuerzo, son necesarios. Para destacar en el baloncesto, es esencial tener determinadas capacidades físicas, pero eso no basta: solo quien, además de poseerlas, entrena duramente lo conseguirá.

Lo importante es desarrollar aquello que está en nuestra mano. También en el caso de la personalidad podemos mejorar. Y lo haremos «esculpiendo» nuestro carácter.

Las cualidades innatas son necesarias para conseguir nuestras metas, pero también se requiere del esfuerzo personal para desarrollarlas.

3.2 La naturaleza no hace nada en vano

Aristóteles consideraba que la naturaleza no obra caprichosamente, sino que siempre actúa siguiendo un fin, un propósito. Cuando esta expresión se tradujo al latín, se escribía así: *«Natura nihil fit in frustra».* En castellano, *in frustra* significa 'en vano'.

Frustración, por lo tanto, tiene que ver con la acción que se ha hecho en vano, que no ha alcanzado el fin que nos proponíamos. Por extensión, se aplica también al estado en el que alguien queda cuando no se cumplen sus esperanzas, sus deseos o sus ilusiones. La frustración es un hecho habitual en la vida, porque no siempre alcanzamos lo que pretendemos. Así que tenemos que aprender a gestionarla y dominarla en nuestra vida.

Desde luego, no se trata de provocar dolor a los demás gratuitamente para que aprendan a tolerar la frustración, pero sí de ayudar a comprender que es imprescindible ser capaces de aceptarla para realizarnos, puesto que resulta inevitable.

Compartimos el mundo con otras personas que también tienen propósitos, que a veces no coinciden con los nuestros y nos rechazan; otras personas desean lo mismo, pero, por la razón que sea, no nos es posible compartirlo. Ahora bien, también hay muchas con las que podemos colaborar.

3.3 La resiliencia

Las frustraciones pueden ser muy dolorosas, no solo por el daño real que producen (un suspenso, un desencuentro con tu padre o con tu madre o un desengaño amoroso, por ejemplo), sino también porque minan la autoestima y nos hacen dudar de las propias capacidades.

Para combatirlas, no es una buena estrategia la resistencia al malestar o al dolor que producen sin darle una salida. La resiliencia trata, precisamente, de ayudarnos a salir fortalecidos de la frustración.

El término resiliencia proviene del latín *resilio,* que significa 'volver atrás'. Fue adaptado por el pediatra Michael Rutter a las ciencias sociales para caracterizar a las personas que, a pesar de vivir situaciones de alto riesgo, se desarrollan psicológicamente sanas y exitosas.

Según los especialistas, para fomentar el carácter resiliente hay que centrarse en lo que en realidad nos importa, confiar en nuestra personalidad, tener sentido del humor (relativizando los problemas), ayudar a los demás y mantener relaciones saludables con los amigos y amigas.

Comprende, piensa, investiga...

1 **Describir.** Describe alguna experiencia frustrante que hayas tenido. ¿Por qué fue frustrante? ¿Cómo crees que podrías haberla superado o controlado?

2 Señala la diferencia entre «temperamento» y «carácter».

3 Investiga sobre la resiliencia en la página web del Instituto Español de Resiliencia.

Para desarrollar una personalidad equilibrada es muy importante aprender a tolerar la frustración, pues no siempre conseguimos todo lo que deseamos.

4 Llegar a tener nuestra personalidad

4.1 Ser auténtico

La forja del carácter, tema de esta unidad, no es un fin en sí misma. Del mismo modo que la famosa disciplina de los «ciudadanos» de Esparta o de los soldados del ejército prusiano tenía por finalidad lograr la victoria en la batalla, el objetivo de la forja del carácter es nuestra realización como personas y como componentes de la ciudadanía.

Ni a los niños y niñas ni a los adultos suele recomendárseles que actúen con naturalidad, pero cuando llegamos a la adolescencia se nos pide lo contrario. Precisamente estos encuentran gran dificultad en ello, porque están haciéndose y carecen de seguridad, no saben cómo ser naturales.

Cuando somos adolescentes, queremos autoafirmarnos en nuestra incipiente personalidad, queremos ser fieles con nuestra personalidad, ser auténticos. Rechazamos la hipocresía y la falsedad que detectamos en la sociedad. Este impulso es digno y noble, necesario para el progreso moral de la persona. Sin embargo, la búsqueda de la autenticidad, por sí sola, no es suficiente.

La autenticidad no se puede separar de la verdad. ¿Qué significa ser fiel a sí mismo? ¿Significa que los individuos agresivos den rienda suelta a su matonismo o que las personas tímidas se refugien en sí mismos, en su propia timidez? La autenticidad por sí misma no nos dice nada de la bondad o de la maldad de la persona, es decir, de su calidad moral. La autenticidad es una aspiración ambigua.

4.2 Aristóteles: lo congénito y lo adquirido

La ética de Aristóteles se ocupa del carácter, pero el carácter no lo podemos conocer directamente, sino a través de los hábitos, porque ellos sí son observables, como tú mismo puedes comprobar diariamente. A su vez, los hábitos se adquieren por la repetición de actos: los actos buenos nos permiten adquirir hábitos buenos. Estos son los que Aristóteles llamaba virtudes.

También existen en la naturaleza humana unas tendencias congénitas, es decir, no adquiridas; «apetitos» las llamaba este filósofo; son tendencias naturales, como la ira. Sobre ellas también tenemos posibilidad de actuar para favorecerlas o, por el contrario, para moderarlas. Por ello, en la *Ética a Nicómaco,* Aristóteles dice:

«De ahí la necesidad de realizar cierta clase de acciones, puesto que a sus diferencias (buenas o malas) corresponderán los hábitos. No tiene, por consiguiente, poca importancia el adquirir desde jóvenes tales o cuales hábitos, sino muchísima, o mejor dicho, total».

4.3 La educación, la construcción de lo que seremos

La educación es un proceso en el que el protagonismo corresponde al aprendiz, no al docente. Las personas que nos rodean procuran guiarnos o conducirnos en la dirección que consideran que es la más adecuada, pero nos corresponde de manera individual tomar buena parte de las decisiones.

Las virtudes se desarrollan con el esfuerzo y la perseverancia, como los éxitos deportivos con el entrenamiento continuo.

El carácter se «forja» igual que el hierro, se moldea con esfuerzo mediante la educación para obtener lo mejor de sí mismo.

Mediante la educación se pretende que cada persona pueda extraer lo mejor de sí mismo, nuestros tesoros ocultos. Encontrar cuál es el que tenemos escondido y esforzarnos para que destaque por encima de nuestros defectos es cuestión de trabajo.

Para forjar el hierro, para sacar de él las mejores formas, hay que ponerlo incandescente al fuego; a continuación, se puede moldear con el martillo.

También la educación contribuye a moldearnos. La forja es una metáfora de la dificultad de la tarea de obtener lo mejor de sí mismo. No obstante, debemos tener en cuenta que no somos el metal a merced de otros herreros, sino ambos componentes: el herrero y el hierro, cuya interacción crea la figura que es nuestra vida.

Comprende, piensa, investiga...

1 ¿Qué entiendes por «ser auténtico»? Explícalo brevemente.

2 Busca información sobre la *Ética a Nicómaco,* de Aristóteles. Lee algunos fragmentos de los libros I, sobre la felicidad, y VIII, sobre la amistad, y haz un resumen de lo que consideres útil para forjar tu carácter.

3 En grupos, elaborad un informe sobre qué significa ser educado. Es importante que todos los miembros de cada grupo hagan su aportación. Después, las respuestas se pondrán en común y se dialogará sobre el tema.

4 **Evaluar.** En tu vida, ¿te sientes protagonista o actor secundario? Argumenta tu respuesta.

Aplica tus competencias

En la forja de nuestro carácter es muy importante ser capaces de superar las situaciones difíciles y aprender a tolerar la frustración, puesto que en la vida no conseguimos todo lo que queremos. La resiliencia es esa capacidad de sobreponernos a la adversidad para salir fortalecidos.

La historia de superación de Daniel Stix, el protagonista del anuncio de Cola-Cao

Daniel Stix nació con cáncer y con tan solo un 20 % de probabilidades de sobrevivir. A sus 17 años, ha ganado la Liga y la Copa del Rey de baloncesto en silla de ruedas con el primer equipo del CD Fundosa de la ONCE.

Seguro que su nombre y, sobre todo, su cara les suena por ser el protagonista de un anuncio de Cola-Cao en el que habla de los diferentes deportes que practica en silla de ruedas. Esquí, natación, kitesurf y bicicleta de montaña, prácticamente no hay deporte que se le resista y le gustaría probar alguno de riesgo.

«Desde siempre me ha encantado el deporte y estar activo, y gracias a muchas fundaciones y a mucha gente que nos ayuda a quienes queremos practicar deporte en silla de ruedas he sido capaz de tantas cosas», ha explicado Daniel Stix en *Las mañanas de RNE.*

Ahora todas sus experiencias las plasma en el libro *Con ruedas y a lo loco,* en el que el mensaje principal que pretende transmitir es que en la vida «hay que ir más allá de las dificultades, no pensar en las barreras, hacer lo que te gusta y disfrutar con ello». Por eso el subtítulo es así de potente: «Si te caes siete veces, levántate ocho».

«No me considero ni un Ghandi de la vida ni nadie», afirma Daniel. «No creo que sea un ejemplo; simplemente pretendo plasmar mis experiencias por si pueden ayudar a otro».

Dice que el deporte ha sido el medio que ha usado para superar su situación y los diferentes problemas que se le han presentado, y que lo ha ido amoldando a su forma de ver la vida. «Superarse y tomarse los problemas como un reto lo he conseguido con el deporte, pero al final es una forma de vida».

A sus 17 años, tiene las cosas muy claras. «Al final es cuestión de coraje y mucha valentía. Siempre me digo a mí mismo que tengo que vivir este día como si fuera el último, y así soy realmente feliz».

Raquel M. Alonso, *rtve.es,* 01-10-2014.

Comprende el texto y exprésate

1 ¿Cuál es la actitud vital de Daniel Stix ante su discapacidad? ¿Cuál podría ser el lema que inspira su forma de vivir?

2 Lee alguna de las experiencias que narra en su libro y explica a tus compañeros y compañeras los sentimientos que te inspira su conducta.

3 ¿Cuál crees que es el principal premio que ha obtenido Daniel?

Buscad información

4 Hay otros casos de personas que sufren dificultades y las superan. Buscad esas historias y, en grupos, escribid y exponed en clase su biografía.

Reflexionad

5 Debatid en clase sobre la autosuperación y la resiliencia y acordad unos principios que os sean útiles en vuestra vida.

Los valores en la historia. La nobleza de carácter y el valor

Los valores surgen de nuestra manera de interpretar la realidad: llamamos «bueno» a lo que interpretamos como valioso y denominamos «malo» a lo que consideramos carente de valor.

El filósofo Friedrich Nietzsche (1844-1900) investigó sobre el origen de los valores y distinguió dos maneras de valorar: la que llamaba plebeya o de esclavos y la manera noble o aristocrática.

Para distinguirlas, diferenciaba entre vulgaridad y nobleza, debilidad de carácter y fortaleza, entre lo que quieren todos y lo que solo desean los mejores, es decir, entre lo mediocre y lo excelso; en definitiva, entre los que van por la vida cargados de resentimiento, odio, envidia y que, a menudo, son vengativos, y los que son dueños de su poder y no odian, sino que aman, carecen de rencor, son inocentes y creativos.

Aquellos son los esclavos y estos son los señores en la moral. Por eso, Nietzsche hablaba de una moral de esclavos y de una moral de señores.

Nietzsche apostaba por la nobleza y la determinación, la inocencia y la juventud, la franqueza, la vitalidad y la creatividad, valores que él interpretaba como necesarios y buenos para forjar el carácter moral del individuo siempre dispuesto a afirmar la vida.

emprender aprender

Inventamos un código de conducta

En una conferencia, el famoso empresario Bill Gates propuso el siguiente código de conducta. Inspirándoos en él, cread un código propio que os ayude a forjar vuestro carácter y a superar las frustraciones.

Código de conducta para jóvenes de Bill Gates

1. La vida no es justa. Acostúmbrate a ello.
2. Al mundo no le importa tu autoestima. El mundo espera que logres algo, independientemente de que te sientas bien o no contigo mismo.
3. No ganarás 3 000 euros mensuales justo después de salir de la universidad, y no serás vicepresidente de nada hasta que, con tu esfuerzo, te hayas ganado ambos logros.
4. Si piensas que tu profesor es duro, espera a que tengas un jefe. Este sí que no tendrá vocación docente ni la paciencia requerida.
5. Dedicarse a servir cervezas o llevar pizzas no te quita dignidad. Tus abuelos lo llamaban de otra forma: oportunidad.
6. Si metes la pata, no es culpa de tus padres ni de tus profesores, así que no lloriquees por tus errores y aprende de ellos.
7. Antes de que nacieras, tus padres no eran tan aburridos como ahora. Empezaron a serlo al pagar tus cuentas, limpiar tu ropa y escuchar tus quejas. Así que, antes de emprender tu lucha por las selvas vírgenes contaminadas por la generación de tus padres, inicia el camino limpiando las cosas de tu propia vida, empezando por tu habitación.
8. En la escuela puede haberse eliminado la diferencia entre ganadores y perdedores, pero en la vida real no. En la escuela te dan oportunidades para ir aprobando tus exámenes, para que tus tareas te resulten más fáciles y llevaderas. Esto no te ocurrirá en la vida real.
9. La vida real no se divide en semestres, no tendrá largas vacaciones de verano, de Pascua, de Navidad, del patrón del colegio, puentes..., y pocos jefes se interesarán en ayudarte a que te encuentres a ti mismo. Todo eso tendrás que hacerlo en tu tiempo libre.
10. La televisión no es la vida diaria. En la vida cotidiana, la gente de verdad tiene que salir del café de la película para irse a trabajar.

3

Solución de conflictos

Habilidades sociales

Los conflictos con los demás se pueden solucionar con una actitud asertiva, encaminada al entendimiento mutuo en un ambiente de diálogo que permita aportar argumentos que respeten la dignidad de todas las partes y fomenten la convivencia.

En esta tarea, la ética resulta muy útil, porque es una reflexión práctica sobre problemas morales universales, como la justicia, la paz, la libertad o la felicidad.

Pero tiene que ir acompañada de habilidades sociales, mediante las cuales mejoramos la relación con otras personas, disminuimos la ansiedad ante determinadas situaciones e incrementamos la autoestima. Estas habilidades se basan en la educación en buenos hábitos y normas, y en la inteligencia emocional.

Para solucionar un conflicto, hay que tener en cuenta las aspiraciones humanas a la felicidad y a la justicia, y lograr un equilibrio entre ellas.

Muchas personas y muchas instituciones trabajan solucionando conflictos. ¡Sé una de ellas!

En esta unidad vas a estudiar

1 Cómo afrontar los conflictos de forma inteligente.
2 Cómo relacionarnos.
3 A pensar y a decidir para solucionar los conflictos.
4 Personas, normas e instituciones que ayudan a resolver conflictos.

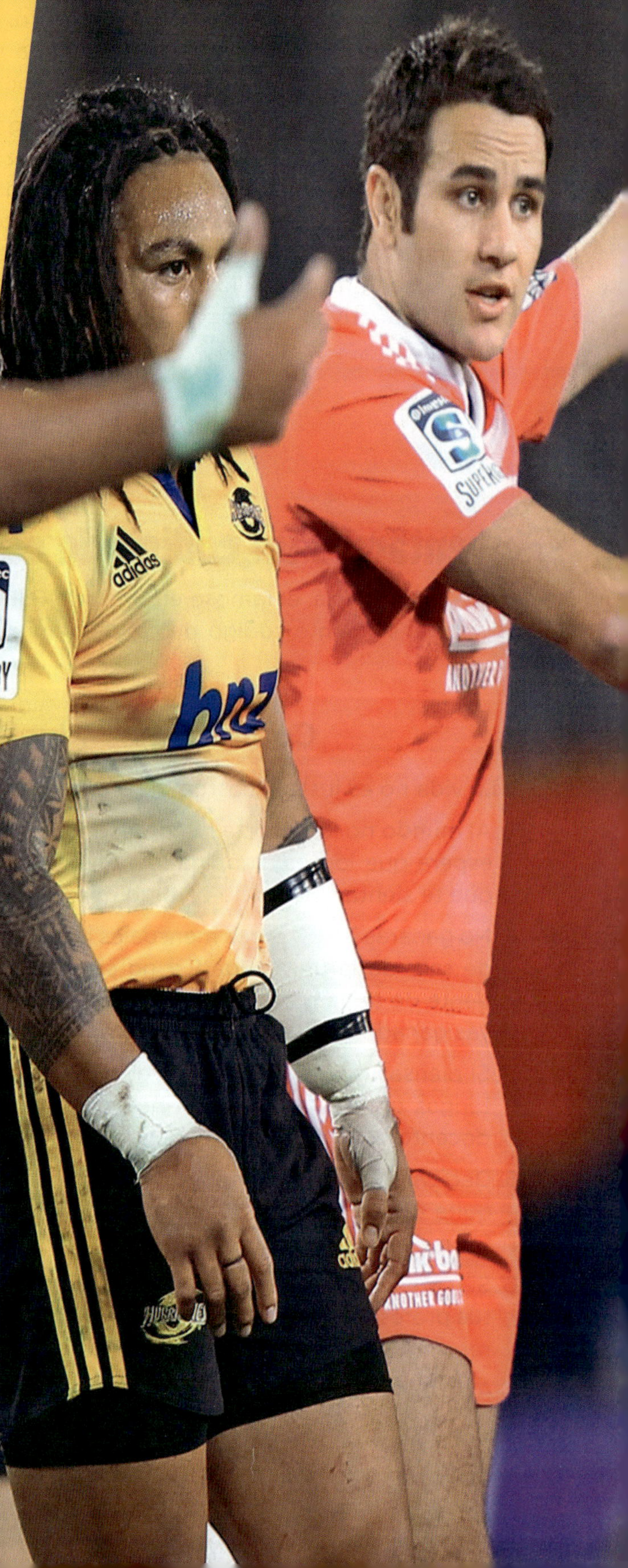

Reflexionamos

El origen de un conflicto personal

Jessica me formuló un montón de preguntas acerca de mi almuerzo, y en clase de trigonometría me dijo:

—¿Qué quería ayer Edward Cullen?

—No lo sé —respondí con sinceridad—. En realidad, no fue al grano.

—Parecías como enfadada —comentó a ver si me sonsacaba algo.

—¿Sí? —mantuve el rostro inexpresivo.

—Ya sabes, nunca antes le había visto sentarse con nadie que no fuera su familia. Era extraño.

—Extraño en verdad —coincidí. [...]

Lo peor del viernes fue que, a pesar de saber que él no iba a estar presente, aún albergaba esperanzas. Cuando entré en la cafetería en compañía de Jessica y Mike, no pude evitar mirar la mesa en la que Rosalie, Alice y Jasper se sentaban a hablar con las cabezas juntas. No pude contener la melancolía que me abrumó al comprender que no sabía cuánto tiempo tendría que esperar antes de volverlo a ver. [...]

Intercepté unas cuantas miradas poco amistosas por parte de Lauren durante el almuerzo, hecho que no comprendí hasta que salimos juntas del comedor. Estaba justo detrás de ella, a un solo pie de su pelo rubio, lacio y brillante, y no se dio cuenta, desde luego, cuando oí que le murmuraba a Mike:

—No sé por qué Bella —sonrió con desprecio al pronunciar mi nombre— no se sienta con los Cullen de ahora en adelante.

Hasta ese momento no me había percatado de la voz tan nasal y estridente que tenía, y me sorprendió la malicia que destilaba. En realidad, no la conocía muy bien; sin duda, no lo suficiente para que me detestara..., o eso había pensado.

Stephenie Meyer, *Luna nueva,* Alfaguara.

Dialogamos

1 Identifica las expresiones, gestos y estados de ánimo que aparecen en este texto.

2 ¿Cuáles fomentan o entorpecen las relaciones interpersonales? Argumenta la respuesta y debatid sobre cómo evitar las inconvenientes.

1 Actuamos con inteligencia

1.1 Los conflictos

Somos animales sociales, pero, junto a nuestra tendencia a vivir en grupo y a apoyarnos en los demás para conseguir nuestras metas, existe también en nuestra naturaleza la tendencia opuesta: la de vivir nuestra vida en sentido individual, buscando por encima de todo la satisfacción de nuestros intereses personales. Esto es, somos insociables a la vez que sociables.

Cuando convivimos, inevitablemente surgen conflictos. Un conflicto es un enfrentamiento derivado de un problema y un problema es, como decía el filósofo José Ortega y Gasset, una encrucijada que se presenta a nuestra inteligencia. Para resolver los problemas, tenemos, pues, que pensar.

Ante los conflictos podemos adoptar tres tipos de actitudes:

a) El enfrentamiento, que conduce inmediata e inevitablemente a más conflictos.

b) La inhibición, que suele generar frustración.

c) La asertividad, que es más provechosa, porque se apoya en la serenidad, en la exposición de argumentos de manera razonada y, al mismo tiempo, en la firmeza para tratar de alcanzar una solución equilibrada.

Así pues, la asertividad es la actitud más inteligente, porque es una acción encaminada al entendimiento mutuo.

Las personas tenemos que conjugar nuestros intereses personales con la vida en sociedad para evitar conflictos.

1.2 Ser inteligentes ante los conflictos

Los animales también disputan entre ellos. Lo hacen para conseguir alimento, para aparearse o para obtener una posición social más alta. Pero no pueden resolver sus enfrentamientos de un modo racional y discursivo, pues su capacidad de comunicación no les permite razonar y argumentar.

La inteligencia nos permite resolver sin violencia muchos problemas, tanto los urgentes como los que tienen poca importancia. Algunos conflictos afectan a unas pocas personas, otros a muchas y unos cuantos a todos, pero todos necesitan una solución. No podríamos afrontar esa tarea sin nuestra inteligencia.

Pongamos un ejemplo: imaginemos que dos personas se llevan mal. Ser inteligente en este caso consistirá en conseguir que adopten una actitud de diálogo que permita aportar argumentos bien razonados y prudentes que respeten la dignidad de ambas y fomenten el entendimiento entre ellas.

Los animales compiten para sobrevivir, pues no tienen la capacidad de razonar y de argumentar para resolver sus conflictos

1.3 La inteligencia ética

La ética es una reflexión práctica sobre problemas morales universales (la justicia, la paz, la libertad, la felicidad). Su objeto es que el ser humano viva mejor. Pero esto también lo pretenden la ciencia y la técnica, aunque las soluciones que proporciona la ética son diferentes.

Hay una característica fundamental que la hace singular: la manera en que ayuda a resolver los conflictos. Ese modo especial de solucionarlos consiste en apelar simultáneamente a dos principios básicos: la felicidad y la justicia. La felicidad no es posible sin la justicia, pues se deben tener en cuenta de manera imparcial y razonable los intereses generales para hacer posible la convivencia.

Si queremos convivir de acuerdo con unos principios morales comunes, no queda más remedio que dedicar tiempo a reflexionar seriamente sobre qué nos proponemos y cómo podemos lograrlo. No cabe aceptar soluciones solo para algunos ni aquellas que perjudiquen a los demás. Actuar sin pensar o negar los problemas tampoco resolverá nuestras dificultades.

Comprende, piensa, investiga...

1. ¿Qué te hace feliz? ¿Puedes serlo si las personas que te rodean están sufriendo?
2. ¿Qué es la inteligencia? ¿En qué dos principios básicos se basa la inteligencia ética?
3. Busca algún ejemplo de cómo resuelven sus conflictos los animales. Exponlo en clase.
4. Poned en común algunos problemas que afecten a toda la clase y plantead posibles soluciones. Después, reflexionad sobre cuáles de esas soluciones son más equilibradas y eficientes.

2 Saber relacionarse

2.1 Las habilidades sociales

Las funciones básicas de las habilidades sociales son mejorar la relación con otras personas, disminuir la ansiedad ante determinadas situaciones e incrementar la autoestima.

Todos podemos desarrollar ciertas habilidades sociales; existen varias estrategias para ello. Tienen que ver con la forma en que nos dirigimos a los demás y cómo dominamos nuestras emociones para establecer cauces de convivencia superando los conflictos. Ninguna de esas estrategias funcionaría correctamente sin contar con la asertividad y la empatía.

La psicología actual destaca la importancia de estas dos cualidades y procura dar pautas no solo para reconocerlas, sino también para fomentarlas. Conocerse bien a sí mismo, entender a los demás y procurar conseguir realizar aquellos objetivos justos para todo el mundo son propósitos que debemos tratar de alcanzar juntos.

La educación no puede consistir, por lo tanto, ni única ni primordialmente en adquirir unos conocimientos sobre disciplinas más o menos técnicas y difíciles, sino que tiene que atender también a aquellos aspectos que nos convierten en mejores personas y en mejores ciudadanos y ciudadanas. Este es, precisamente, el fundamento de materias como esta.

Las habilidades sociales nos permiten mejorar nuestras relaciones con los demás.

2.2 El poder de la palabra

Somos animales que hablan y gran parte de nuestro aprendizaje y de nuestras relaciones sociales se basan en el poder de la palabra. Por eso, para disponer de una buena convivencia social, no debemos descuidarla.

Es habitual que un individuo se encuentre en situaciones en las que un grupo de personas, desconocidas para él, charlan amistosamente, mientras él permanece al margen. Por ejemplo, cuando un estudiante nuevo se incorpora a nuestra clase. En ese momento es cuando más se necesita dominar la habilidad para iniciar una conversación con un desconocido.

Pero ¿cómo hacerlo? Lo primero, evidentemente, es acercarse amablemente al desconocido y presentarnos para, de ese modo, mostrarnos como alguien sociable. En estos casos, la sonrisa es de gran ayuda, porque la conversación también necesita de gestos que, si son agradables, mejoran las relaciones. Demostrar tranquilidad y actitudes positivas permite fortalecer la conversación.

Si los gestos son importantes para entablar una conversación, aún más lo son las palabras. En una conversación sostenida con habilidad social no pueden faltar expresiones del tipo: «Hola, ¿qué tal estás?», «Por favor, permíteme...», «Disculpa un momento, ¿podrías...?», etc.

En todo momento has de tener presente que al iniciar una conversación con un desconocido es imprescindible buscar puntos en común, compartidos: gustos, ideas, sensaciones... Igual de importante es mostrar siempre respeto por su privacidad y ser amable.

2.3 Inteligencia emocional

Si saber comunicarte es importante, también lo es saber dominar las emociones y los sentimientos. El éxito en esa tarea depende, en buena medida, de la inteligencia emocional.

Para conseguirlo, hay que ser honrado con uno mismo, saber por qué sentimos lo que sentimos y asumirlo para superarlo. Por ejemplo, puede que sientas envidia de un compañero o de una compañera porque ha sacado un diez en el examen y tú no. No pasa nada, si reconoces la envidia que sientes y sabes por qué, ya estás en el buen camino para superarla. Por supuesto, has de estudiar un poco más y apreciar objetivamente los méritos de esa persona.

El estudio de situaciones como la anterior ha situado las inteligencias intrapersonal e interpersonal o el factor emocional en el primer plano de la psicología de finales del siglo XX y principios del siglo XXI.

Lo más importante es tener en cuenta que, al igual que con otras cualidades, son aspectos en los que podemos mejorar con esfuerzo.

La inteligencia emocional es la cualidad de dominar las emociones y los sentimientos.

Comprende, piensa, investiga...

1 Define el concepto de «habilidades sociales» e identifica sus funciones.

2 **Controlar.** Enuncia situaciones en las que tus emociones te han dominado y propón medidas para controlarlas.

3 Debatid sobre qué asuntos generan más envidias entre compañeros y compañeras, y pensad en cómo resolverlos.

3 Pensar bien, decidir mejor

3.1 Cómo encontrar soluciones

Las soluciones a los problemas y a los conflictos entre las personas no siempre se encuentran actuando individualmente. En muchas ocasiones, las estrategias de colaboración y de cooperación resultan más acertadas.

En particular, para asuntos relacionados con conflictos sociales, conviene que todas las personas implicadas participen en la deliberación y en la decisión. Esto contribuirá a que se comprometan a la hora de llevar a cabo la solución consensuada.

Pero, para que esto funcione, cada persona implicada tiene que responsabilizarse de su conducta y de su opinión. Así, al debatir sobre la solución que se va a adoptar, debemos tener en cuenta las consecuencias de nuestra conducta y cómo nos gustaría ser tratados.

Por ejemplo, si queremos que nos atiendan, debemos corresponder: llegado el momento de decidir, es imprescindible esforzarse por escuchar a los demás, dialogar de forma tranquila y respetuosa, ser tolerantes, pero también firmes e independientes, y utilizar argumentos razonados correctamente.

No podemos construir nuestra felicidad sobre el sufrimiento de inocentes, y no hay mayoría que justifique el atropello de los derechos de los demás. Tener claro que el objetivo es procurar hacer lo mejor nos puede guiar en nuestras deliberaciones.

La mejor forma de hallar soluciones a los problemas es dialogar de forma tranquila y respetuosa.

3.2 Qué debemos hacer

Siempre deberíamos hacer lo correcto. Pero ¿cómo sabemos en qué consiste? Hemos de afrontar los problemas con inteligencia y con voluntad de llegar a acuerdos de forma solidaria, porque estas posturas son las más adecuadas para construir una sociedad justa.

Las soluciones basadas en el odio, la furia, la simple complacencia y la falta de empatía suelen generar más problemas de los que han resuelto. En ocasiones, cuando estemos ante un abuso, es normal que sintamos rabia. Pero no debemos dejarnos llevar por la ira, sino buscar una solución pacífica.

Ahora bien, esto no quiere decir que quien cometa una infracción se quede sin sanción o pueda repetir su conducta. Tenemos la obligación de procurar prevenir los problemas.

Nuestros sistemas de sanciones tienen un componente educativo. Los castigos escolares deben procurar contribuir a que tanto el que debe cumplirlo como quienes lo rodean puedan corregirse y mejorar. Incluso la mayoría de los códigos penales están enfocados hacia la reinserción. No sancionamos por venganza ni por que estemos hartos, sino tratando de construir una sociedad mejor.

La empatía hacia los demás genera un ambiente que facilita la resolución de los problemas de forma pacífica y justa.

3.3 Buscar la felicidad y la justicia

Aunque sea difícil actuar bien constantemente, no debemos dejar de intentarlo. Cuando nos planteemos qué hacer ante un conflicto para solucionarlo, conviene tener en cuenta dos de las aspiraciones de todo ser humano: la felicidad y la justicia.

Aristóteles decía que todo ser humano desea ser feliz, y añadía que no era posible sin la justicia y que esta no sería tal si no permitía la felicidad de la ciudadanía. Puede que alguien no alcance su felicidad personal únicamente con la existencia de la justicia social, pero si no recibe un trato que considere justo, será infeliz.

La búsqueda de ese equilibrio ha inspirado la redacción de muchas constituciones y leyes políticas. Por ejemplo, en la Declaración de Independencia por la que Estados Unidos se independizó de Gran Bretaña se afirma que el fin del Gobierno es alcanzar la justicia y la felicidad. También la Constitución española de 1812 proclamaba que «el objeto del Gobierno es la felicidad de la nación».

Comprende, piensa, investiga...

1 Ante un conflicto, ¿basta con tener buena intención para resolverlo? Justifica tu opinión.

2 ¿Qué características tiene que tener una sanción para que podamos considerarla justa? Elaborad un pequeño código de sanciones para las faltas más habituales en el aula.

3 Debatid en el aula sobre qué es más importante: la felicidad individual o la justicia social.

4 Resolvemos los conflictos

4.1 La educación moral

¿Qué está bien y qué está mal? No siempre es evidente. Por ejemplo, conducir por la derecha o por la izquierda es arbitrario, hasta el punto de que hay lugares donde se hace por un lado o por el otro. Sin embargo, una vez que una sociedad ha hecho una elección e implantado unas normas, todos debemos cumplirlas.

En Gran Bretaña, los coches tienen el volante a la derecha y todo el mundo circula por su izquierda. Esto permite una armonía que facilita la circulación tan adecuadamente como en el resto de Europa, donde se circula por la derecha. Sin embargo, quien conduce en sentido contrario a las normas de circulación, ya sea aquí o allí, pone en peligro su vida y las de los demás.

Lo mismo ocurre con el bien y con el mal morales. Para actuar correctamente, necesitamos que nos enseñen. En efecto, no nacemos siendo buenos ni malos, sino que aprendemos a comportarnos de una o de otra manera. En esa tarea, la educación es muy importante.

Además de una información correcta y útil, la educación nos aporta un código de normas en las que apoyarnos para crecer y desarrollar nuestro proyecto de vida. Cada persona es como una catedral que eleva su estructura sobre unos cimientos que sustentan todo el edificio. Los buenos hábitos y las buenas normas son los cimientos en los que se apoya la persona.

Tolerancia, solidaridad, prudencia, amistad, respeto, cortesía, honestidad... son buenos hábitos. Sirven para mejorar la convivencia. Pero también necesitamos aprender los buenos hábitos. Para ello solo hay una manera: practicarlos. Como afirma André Comte-Sponville: «El bien no es para contemplarlo, es para hacerlo».

Las normas morales se tienen que aprender, igual que las normas de tráfico, mediante la educación.

4.2 Las buenas normas

Mediante la educación pueden transmitirnos buenos hábitos, pero únicamente los llevaremos a la práctica si nuestras acciones siguen normas adecuadas. No basta con que en una sociedad nos enseñen cómo debemos comportarnos, sino que deben hacerlo correctamente. Por ejemplo, si nos enseñan a odiar a un determinado grupo de personas, entonces podría decirse que es mejor que no nos eduquen así.

Las mejores normas dignifican a las personas, sirven de base para establecer entre nosotros el cultivo de la justicia y de la amistad, no limitan arbitrariamente nuestra libertad, protegen nuestros derechos fundamentales y nos permiten buscar la felicidad; en definitiva, buenas normas son aquellas que ayudan a las personas en vez de someterlas.

Las normas están presentes en cualquier esfera de nuestra vida: es posible hallarlas en nuestras relaciones familiares, en nuestros círculos de amistades y en otros ámbitos de nuestra vida privada. Pero las buenas normas también se aplican en el ámbito público, el de las relaciones sociales en general. En este caso, garantizan a la ciudadanía un trato justo, en condiciones de igualdad y con libertad.

4.3 Instituciones que resuelven conflictos

La moral y el derecho se apoyan en instituciones que ayudan a mejorar las condiciones de vida de las personas resolviendo algunos de sus problemas. Entre esas instituciones destacan algunas ONG.

Pero también los Estados disponen de sus propias instituciones para ayudar a la ciudadanía: el sistema público de salud, los cuerpos de seguridad, los servicios de atención ciudadana, los centros educativos, los tribunales de justicia...

Otras instituciones internacionales están dedicadas a salvaguardar los derechos humanos y a participar en misiones de paz allí donde hay guerras, como, por ejemplo, la ONU.

Comprende, piensa, investiga...

1 **Valorar.** Explica qué influencia tiene la educación en la moral. ¿Crees que tendrías los mismos valores si hubieras nacido en otra época o en un lugar diferente? Argumenta tu respuesta.

2 **Ejemplificar.** ¿Cómo han de ser las normas para ser buenas? Pon ejemplos de buenas normas en ámbitos distintos especificando su finalidad.

3 ¿Cómo se consigue adquirir buenos hábitos? ¿Por qué son importantes los buenos hábitos?

Entre otras, las instituciones de los Estados ayudan a la ciudadanía cuando esta tiene dificultades.

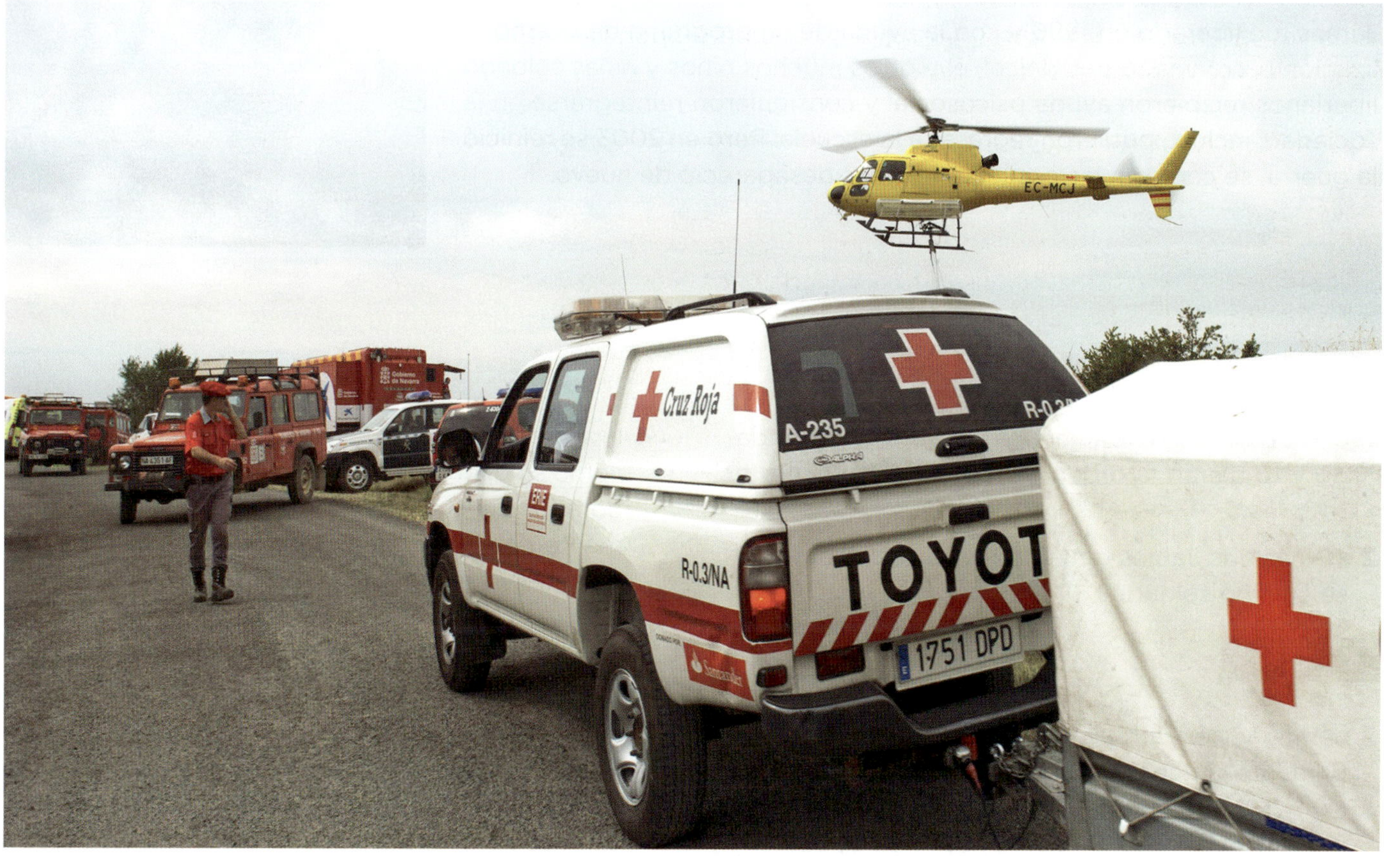

Aplica tus competencias

Hay circunstancias que hacen que la vida resulte extraordinariamente cruel con algunas personas, pues las sitúa en situaciones difíciles en las que tienen que adoptar decisiones y realizar actos terribles. En estos casos, son esas personas las primeras en sufrir las consecuencias de sus acciones y se ven involucradas en conflictos y en guerras de los que no pueden escapar.

¿Obedecerías una orden criminal?

Liberia (África) padeció hasta 2003 una horrible, cruel y sangrienta guerra civil que enfrentó a varias tribus. Fue un conflicto muy largo, ya que los primeros enfrentamientos datan del año 1989. La guerra dejó más de 250 000 muertos y casi un millón de refugiados.

Las mujeres y los niños y niñas fueron las víctimas peor paradas. Bastantes niños y niñas fueron obligados a convertirse en soldados tras ser capturados como esclavos, drogados, maltratados y condenados a matar o a morir.

Uno de esos niños se llamaba James, conocido como «Capitán Jefe de Guerra». Cuando fue apresado en el año 1991, tenía solo seis años. Su padre fue detenido y sus captores le dijeron que si no les obedecía, matarían a su padre. De esa forma, se vio obligado a matar a otras personas y a comportarse cruelmente.

James fue liberado en 1996 y con la ayuda de un programa de desmovilización patrocinado por Unicef, él y otros muchos niños y niñas soldado liberianos recibieron ayuda psicosocial y consiguieron reintegrarse en la sociedad; incluso pudieron regresar a la escuela. Pero en 2003 se reinició la guerra, se cerraron las escuelas y James desapareció de nuevo.

Comprende el texto y exprésate

1 ¿Qué harías si te obligaran a convertirte en soldado y te dieran la orden de matar? Argumenta tu respuesta.

2 ¿Crees que James tenía otra salida que convertirse en niño soldado?

Reflexiona

3 James vivió y creció en una sociedad extremadamente violenta asolada por una cruenta guerra civil. ¿Qué educación crees que recibió? ¿Por qué piensas que desapareció de nuevo en 2003?

Buscad información

4 Investigad sobre la utilización de los niños y niñas como soldados en diversas partes del mundo. Elaborad un mapa con los países en los que actualmente combaten niños y niñas soldado y presentad en clase algunos otros casos como el de James.

Aprende a debatir

5 Los niños y niñas soldado viven en condiciones terribles. Debatid sobre qué se podría hacer para incorporarlos a la vida social una vez que han sido rescatados de los grupos que los retienen y los utilizan.

Los valores en la historia. Los pacificadores

En 1895, un año antes de morir, el millonario sueco Alfred Nobel instituyó el Premio Nobel de la Paz, que se unía a los galardones que había instituido previamente: química, física, literatura, medicina. A todos ellos se añadió posteriormente, en el año 1968, el de economía.

Los ganadores pueden ser personas e instituciones, pero todas han de destacar por su labor en defensa de la paz, el respeto de los derechos humanos, la reducción de los ejércitos, la ayuda humanitaria, la mediación en conflictos nacionales o internacionales... En definitiva, por desempeñar con éxito tareas de pacificación.

En 1901 comenzó la entrega de este galardón. En aquella ocasión fue compartido por el francés Frédéric Passy y el suizo Henry Dunant. Al primero se le otorgó por su labor al frente del primer Congreso Universal por la Paz, y al segundo, por la creación del Comité Internacional de la Cruz Roja.

En 2012 y en 2013 fueron premiadas instituciones internacionales: la UE, por su contribución durante más de sesenta años al establecimiento de la paz, la democracia y los derechos humanos en Europa, y la Organización para la Prohibición de Armas Químicas, con sede en La Haya, por su trabajo para eliminar ese tipo de armas.

El galardón de 2014 recayó en Malala Youszafi, de Pakistán, y Kailash Satyarthi, de India, por su lucha contra la represión de las mujeres y por el derecho a la educación para niños y niñas por igual.

emprender aprender

Grabamos un vídeo sobre buenos hábitos

Organizaos en grupos para repartir y ejecutar las tareas necesarias para grabar los vídeos.

Primero, seleccionad los hábitos que consideréis más adecuados para fomentar la convivencia en el centro escolar, entre los amigos y las amigas, con la familia y para resolver los conflictos sociales.

Después, escribid el guion, seleccionad el reparto y escoged a los encargados de la parte técnica.

Una vez elaborados los vídeos, se puede establecer un premio para el mejor y organizar un certamen para su exposición en el centro.

ELABORAMOS UN DOCUMENTAL

Para filmar el documental, lo primero que tenéis que hacer es escribir un guion en el que se recojan las indicaciones técnicas necesarias para la realización de la grabación. Vosotros vais a ser los guionistas y los directores, y trabajaréis por parejas.

Redactad el guion siguiendo estos tres pasos: encabezado (1), descripción de la acción (2) y diálogos (3). No debéis superar las dos páginas, que irán numeradas.

1) Indicad el lugar y el momento concretos en los que transcurre la acción.
2) Anotad todas las indicaciones relevantes, incluso los sonidos y los objetos que deben aparecer en la escena.
3) Incluid los diálogos, que son las palabras que intercambian los personajes en sus conversaciones. Además, para dar alguna información acerca de una acción que el personaje debe realizar mientras habla, o del tono de voz que debe emplear, se utiliza una acotación, que se escribe entre paréntesis.

4

Nos respetamos

Convivir con gente diferente

Nos desarrollamos como individuos y queremos encontrar nuestro lugar en la sociedad, pero, a veces, esto supone entrar en conflicto con otras personas.

Descubrimos que somos diferentes y que debemos respetarnos. Aunque tenemos distintas maneras de pensar, hemos de ser capaces de vivir en armonía.

Hoy pensamos que todos los seres humanos tienen derechos que se deben proteger, por muy distintos a nosotros que puedan parecernos. Estamos obligados a respetar a los demás, y ellos, a nosotros Lo único que no debemos admitir es que alguien pretenda actuar contra los derechos humanos o contra la ley.

La violencia resulta inadmisible como modo de resolver las disputas y demuestra incompetencia por parte de quien recurre a ella.

Debemos rechazar la discriminación y todo intento de menoscabar los derechos legítimos de cualquier colectivo. En este sentido, es bueno reflexionar sobre cómo caemos en prejuicios xenófobos y en la aporofobia.

En esta unidad vas a estudiar

1. La coordinación de las diferencias personales con la igualdad de derechos.
2. La obligación de respetar a los demás.
3. La obligación de que los demás nos respeten.
4. Las raíces de algunas formas de discriminación.

Reflexionamos

Costumbres diferentes

Siempre he necesitado que me amaran. Desde niña, sin embargo, he sabido que no me correspondía ser amada; aun así, ansiaba que quienes me rodeaban me expresaran su cariño, y ese deseo injustificado ha sido la causa de todos mis males. Soñaba con que mi madre se fijara en mí [...]. Con objeto de ganarme su afecto, prestaba siempre obediencia —la principal virtud de niñas y mujeres—, pero quizá me desvivía demasiado en hacer lo que me mandaban. [...] Intenté no defraudar las expectativas de mi familia —tener los pies más pequeños del condado—, de modo que dejé que me los vendaran para que, tras romperse, los huesos adquirieran una forma más hermosa [...]. Con la excepción de tres meses del quinto año del reinado del emperador Xianfeng, he pasado toda mi vida en las habitaciones del piso de arriba, reservadas a las mujeres. Iba al templo, viajé en ocasiones a mi pueblo natal, pero sé muy poco del reino exterior.

Lisa See, *El abanico de seda*, Salamandra.

Dialogamos

1 Investigad sobre la costumbre de vendar los pies a las mujeres para que los tengan pequeños. ¿Pensáis que esa costumbre, antiguamente muy arraigada en algunos pueblos y culturas orientales, aunque ya erradicada, debería ser tolerada y respetada actualmente?

2 ¿Sabéis quiénes son las mujeres jirafa? Hay otras muchas costumbres que afectan al aspecto físico de las mujeres. Informaos sobre algunas y debatid sobre si son admisibles o no.

3 La costumbre de recluir a las mujeres en el hogar, como se narra en la historia, perdura en muchas sociedades. ¿Creéis que se respetan sus derechos?

4 Lirio Blanco y Flor de Nieve, las niñas protagonistas de la historia, no ven respetados sus derechos a causa del machismo imperante en su cultura y en sus familias. ¿Sabrías poner ejemplos de machismo que se produzcan en diferentes culturas y países?

5 ¿Consideráis que las mujeres en esta historia reciben un trato cruel por parte de su familia?

6 ¿Creéis que en nuestra sociedad ha mejorado el reconocimiento de los derechos de las mujeres en los últimos años? Debatidlo.

1 Iguales y diferentes

1.1 Individuo y sociedad

Nos desarrollamos como personas individuales, pero tenemos que encajar en una sociedad. Entonces, como no estamos solos, hemos de conseguir que nuestros intereses se armonicen con los de quienes nos rodean.

Resulta frecuente que nuestras voluntades choquen, que varias personas deseemos poseer o lograr lo mismo y nos veamos obligados a competir, frustrándonos cuando no podemos conseguirlo.

En la Antigüedad y en la Edad Media, el sentimiento de los seres humanos era más el de pertenencia y subordinación a una comunidad que el de individuos con pensamientos y aspiraciones personales y únicas.

Durante el Antiguo Régimen, cada cual debía hacer lo que se esperaba de él y era impensable que todos los seres humanos tuvieran derechos. Incluso la elección profesional venía muy determinada desde el nacimiento. El orden social se mantenía mediante los estamentos.

Por el contrario, en la actualidad, los hombres y las mujeres pueden elegir y son responsables de sus decisiones. La libertad es, pues, un valor irrenunciable. Pero seguimos teniendo que convivir. Por eso, consideramos que, en cierto sentido, todos y todas somos iguales, que tenemos los mismos derechos, pero también apreciamos la libertad de cada uno para ser lo que quiera y para actuar como desee, siempre y cuando respete a los demás.

Los individuos tienen que adaptarse en cada momento a la sociedad en la que viven.

1.2 De humores y clima

De algún modo, también somos diferentes. No solo en cuanto a aspectos físicos como la altura, el sexo, la edad o el color de la piel, sino también por nuestro carácter.

Una combinación de la teoría de los cuatro elementos (tierra, agua, aire y fuego) y las enseñanzas médicas de Hipócrates llevó a considerar que la personalidad humana dependía de los cuatro humores corporales: sangre, flema, bilis negra y bilis amarilla. Según el humor que predomine en cada ser humano, así será su temperamento. Además, todos ellos podían corromperse, dando lugar a dolencias como la melancolía (si lo que se deterioraba era la bilis negra, por ejemplo).

Otros autores como Montesquieu, pensador francés ilustrado, insistieron en la influencia del clima, que hace que los nórdicos y los mediterráneos tengan un carácter diferente.

1.3 El estudio de la personalidad

La psicología actual proporciona herramientas que permiten describir la personalidad con mayor precisión. Su estudio y concreción es materia de debate y no es fácil llegar a acuerdos.

Al principio, se intentó establecer una asociación entre el aspecto corporal y la manera de pensar, dando lugar a la teoría de los biotipos, según la cual, por ejemplo, las personas atléticas son más agresivas.

Sin embargo, es evidente que aunque pueda haber cierta influencia entre nuestra biología o nuestro entorno y nuestro carácter, no es una relación sistemática. No todas las personas con un aspecto fornido tienen por qué ser agresivas y menos aún violentas.

Posteriormente, se han destacado rasgos diferentes para plantear clasificaciones que distinguen varios tipos fundamentales de personalidades e incluso sus trastornos correspondientes. Lo cierto es que hay personas más serias o más alegres, más ordenadas o más imaginativas..., y nadie encaja exactamente en un grupo concreto.

Todas esas diferencias aportan riqueza, proporcionan soluciones y, si las sabemos apreciar, hacen nuestra vida mejor. Este es el motivo por el que debemos rechazar todo tipo de discriminación y la intolerancia.

Comprende, piensa, investiga...

1. Averigua qué características se atribuyen a estos temperamentos: flemático, colérico, sanguíneo y melancólico. ¿Podrías asociar algunos personajes famosos a cada uno de ellos?
2. ¿Piensas que todos somos iguales? ¿Y que deberíamos tener los mismos derechos? Argumenta tus respuestas.
3. En clase, ¿deberíais tener todos las mismas calificaciones? ¿Y ser evaluados con los mismos criterios? Argumenta tus respuestas.

Aunque se puedan distinguir varios tipos de personalidad, las personas no encajamos exactamente en ningún grupo concreto.

2 Respetar a los demás

2.1 El valor de las personas

La idea de que todos los seres humanos somos personas y tenemos los mismos derechos tiene un alcance mucho mayor de lo que parece. Apenas nos damos cuenta porque se nos presenta como algo obvio, pero resulta sorprendente cuando la comparamos con los tiempos en los que las cosas no se veían así.

Hubo épocas en las que la idea de la superioridad de unos seres humanos sobre otros se consideraba algo normal. En muchas sociedades se admitía la esclavitud o se consideraba que si no podían someter a sus enemigos debían exterminarlos.

En la Edad Media, la tierra era más importante que los siervos que la cultivaban y los derechos de propiedad estaban por delante de los derechos de la persona.

Los derechos reconocidos por los filósofos ilustrados y asumidos por la comunidad internacional en la actualidad son un referente moral y legal que transforma la realidad de nuestro entorno: todos los seres humanos somos personas y depositarios de derechos.

2.2 Tolerancia y respeto

Si durante la Ilustración se argumentó a favor de la tolerancia religiosa y en la Revolución Francesa se pretendió acabar con los privilegios de los nobles, en los años sucesivos se reclamó y se proclamó la dignidad de diferentes colectivos: los esclavos, los trabajadores, las mujeres..., hasta la aprobación de la Declaración Universal de los Derechos Humanos, que reconoció derechos a todos los seres humanos.

Sesión de la Asamblea Nacional (Litografía del siglo XIX).

El reconocimiento de los derechos humanos tiene un antecedente claro en la Revolución Francesa, que pretendió acabar con los privilegios de la nobleza.

Con esta declaración se pretende asumir y superar todas las conquistas anteriores. La universalidad que figura en su título incluye a todos los seres humanos, no solo, como tradicionalmente, a los varones adultos ricos.

Es evidente que las personas que nos rodean piensan con frecuencia de manera diferente a como lo hacemos nosotros. Sus ideas políticas, sus creencias, sus aficiones, sus gustos, su aspecto físico..., todas esas características pueden ser distintas de las nuestras, pero nunca pueden ser motivo de rechazo, burla ni ofensa. Mucho menos de agresiones. Si queremos que los demás nos respeten, también estamos obligados a corresponder.

Las personas somos muy diferentes y tenemos gustos muy diversos, pero todas merecemos respeto.

2.3 ¿Límites de la tolerancia?

Pero ¿hay algún límite a la tolerancia? ¿No hay nada intolerable? Desde luego que sí: aquellas conductas que son incompatibles con los derechos humanos resultan intolerables. El racismo, el machismo, los abusos o los malos tratos son lacras que ninguna sociedad de nuestros días debe permitir.

Otra cosa es que la manera de sancionar a quienes adoptan esas actitudes y comportamientos debe mantenerse dentro de los márgenes generales. No debemos responder a la violencia con más violencia, puesto que de lo contrario nos igualaríamos en lo malo, sino que caeríamos en una espiral de destrucción y de dolor mutuos.

El reto, por lo tanto, no está ni en imponer nuestros argumentos por encima de los demás ni en aceptar lo que digan los demás como si fueran verdades evidentes. Lo realmente difícil es situar la argumentación racional por encima de los caprichos y de los abusos. Ahí es donde tiene aplicación el saber ético.

Los derechos humanos nos dan una orientación asumida internacionalmente de lo que se puede tolerar y de lo que no, y la legislación nos ayuda a combatir los daños que se ocasionan mediante los comportamientos que podemos considerar inaceptables.

Por ejemplo, en los centros escolares hay un reglamento de régimen interno, basado en los decretos de derechos y de deberes promulgados por las autoridades educativas que permiten sancionar las conductas discriminatorias y el acoso.

Comprende, piensa, investiga...

1. ¿Creéis que debemos ser tolerantes con los intolerantes? ¿Y qué sucede si otros nos consideran intolerantes? Debatidlo.
2. **Justificar.** ¿No te parece que es fácil ser tolerante únicamente con quienes también lo son? Justifica tu opinión.
3. **Justificar.** ¿Cuál debe ser el argumento fundamental para respetar a los demás: que nos respeten a nosotros o que todos los seres humanos lo merecen? Explica tu respuesta.

3 Hacernos respetar

3.1 Cumplimos un deber y tenemos un derecho

De la misma manera que tenemos la obligación de respetar a los demás, también tenemos el derecho a que ellos nos respeten, siempre y cuando nuestra actitud no transgreda los límites legales ni las normas del lugar en el que estamos.

Por eso es relevante adoptar una actitud asertiva para la resolución de cualquier conflicto, evitando caer en las provocaciones y reprocharse quién ha comenzado la discusión: no es tan importante quién empezó la disputa como quién es capaz de zanjarla. Que otra persona me insulte no es motivo para que yo la agreda. Siempre tenemos que encontrar los recursos pacíficos que impidan que seamos tratados injustamente y contra nuestra dignidad.

El motivo fundamental por el que deben respetarnos es porque tenemos dignidad: si todos los seres humanos tienen los mismos derechos y han de ser tratados correctamente; evidentemente, nosotros y nosotras también. Esta actitud es independiente de que correspondamos o no a ella: si solo se respeta a quienes actúan adecuadamente, entonces encontraremos argumentos para faltar a otros. No se admiten excusas: debemos respetar y ser respetados.

Todos los seres humanos tenemos dignidad y el derecho de ser respetados y tratados correctamente, sin excusas.

3.2 El último recurso del incompetente

Uno de los personajes de la saga de ciencia ficción *Fundación,* escrita por Isaac Asimov, señalaba que «la violencia es el último recurso del incompetente». De hecho, a menudo es un intento de desahogar la rabia y la frustración que afectan a quien la comete.

Una persona segura de sí misma y capaz de razonar correctamente no necesita ni insultar ni faltar al respeto ni acosar ni realizar ningún comportamiento similar. Aunque en la adolescencia todavía estamos construyendo nuestra personalidad y no es raro que nos sintamos algo inseguros, dejarnos llevar por el mal humor no resolverá nuestros problemas.

Si la actitud respetuosa es recomendable para sí mismo, también debemos exigírsela a los demás. Así debemos verlo y tratar de mostrar a los demás que no deben pagar su malestar con otras personas.

Del mismo modo que la violencia genera más violencia, la tolerancia se aprende y resulta contagiosa. Gandhi aseguraba que «la no violencia es la fuerza más grande que la humanidad tiene a su disposición. Es más poderosa que el arma más destructiva inventada por el hombre. La destrucción no corresponde ni mucho menos a la ley de los hombres».

3.3 Amparados por la ley

Afortunadamente, no vivimos en la época de la esclavitud ni de la servidumbre, no necesitamos pertenecer a la nobleza ni a un grupo de privilegiados para poder buscar el amparo de la ley cuando alguien nos agrede o nos maltrata.

Ser mayor o más fuerte no da autoridad a nadie y podemos exigirles respeto a cualquiera que mantenga una actitud incorrecta y abusiva.

Las ofensas, el acoso, las agresiones deben encontrar respuesta por parte de las autoridades, que están obligadas a amparar a los más débiles. Esto ocurre tanto en el ámbito escolar como en el social.

Vivimos en una sociedad que promueve los valores del respeto y de la tolerancia. Conforme a esos valores, establece unas normas y sanciona a quienes agreden a los demás. De manera que allí donde no se aceptan los argumentos, estamos en nuestro derecho de solicitar ayuda. Pedir ayuda cuando no somos capaces de resolver por nuestros propios medios una situación problemática no es cobardía, sino sensatez.

El acoso, las ofensas y las agresiones son intolerables y deben ser combatidos con determinación con ayuda de la ley.

Comprende, piensa, investiga...

1 Buscad en el Título I de la Constitución española algunos de los artículos contra la discriminación y, trabajando en grupo, explicad su significado.

2 Averigua qué dice el reglamento de régimen interno de tu centro escolar sobre las conductas contrarias a las normas del centro.

3 Convocad una asamblea y exponed algún caso que conozcáis de falta de respeto. Proponed entre todos las soluciones respetuosas que se os ocurran.

4 Leed el siguiente texto de Gandhi y valorad su opinión:

«La no violencia no consiste en "abstenerse de todo combate real contra la maldad". Por el contrario, veo en la no violencia una forma de lucha más enérgica y más auténtica que la simple ley del talión, que acaba multiplicando por dos la maldad. Contra todo lo que es inmoral, pienso recurrir a armas morales y espirituales. No deseo embotar el filo del arma que me presenta el tirano, utilizando un tajo más cortante todavía que el suyo».

4 La discriminación

4.1 Principales tipos de discriminación

El rechazo a determinados colectivos de personas es algo que ha sido frecuente en la historia de la humanidad y que todavía se produce en muchas sociedades. Quizá los casos más evidentes se observan en aquellas comunidades que permiten sistemas de castas que reducen a algunos colectivos a situaciones extremadamente marginales. Así ocurre con los intocables de la India, personas que han quedado fuera de las cuatro grandes castas en las que se ordena esa sociedad.

Pero entre los más notables, más próximos a nuestra realidad, y que ya abordamos en otras unidades, se encuentra el machismo. Igualmente son rechazables el racismo y la discriminación por diferencias en las creencias religiosas o en las opiniones políticas.

Ahora bien, también son frecuentes y tendemos a olvidar la xenofobia, la discriminación por razones de edad y por enfermedad o el clasismo... Desgraciadamente, estamos acostumbrados a escuchar hablar mal acerca de los «viejos», de los «críos», de los «ricos»...

Normalmente, se recurre a tópicos y se buscan enfrentamientos que, al mismo tiempo que nos identifican como grupo, suponen un rechazo hacia los demás.

Para estar orgullosos de nuestras características personales no es necesario criticar a otros ni convertirlos en enemigos.

El sistema de castas de India es la forma actual más extrema de discriminación tolerada por una sociedad.

4.2 La xenofobia

No es raro escuchar críticas a colectivos tan amplios como el de los extranjeros. Aun cuando en otro país sus habitantes sean mayoritariamente de nuestra raza y no podamos hablar de racismo, las críticas injustificadas a los nacionales de otros países constituyen xenofobia.

En el peor de los casos, esas opiniones terminan asociándose, incluso, a actitudes violentas, como las que suceden de vez en cuando entre los seguidores de algún deporte, como es el caso de los grupos de aficionados violentos.

El deporte es un buen ejemplo de una actividad en la que se manifiestan claramente las consecuencias tanto negativas como positivas de nuestra actitud hacia los demás.

Pensar que los triunfos deportivos establecen la superioridad del grupo al que pertenecemos sobre otros grupos y que lo hacen, además, rebajándolos, produce frustración e incluso violencia. En cambio, en su interpretación más positiva, el deporte constituye una exaltación de los mejores valores del ser humano.

La conducta más inteligente y más recomendable para combatir estas opiniones negativas infundadas es evitar generalizaciones que nos hacen pensar que todas las personas que tienen una nacionalidad determinada comparten algún defecto común. Esta misma precaución debe aplicarse también entre personas de distintas regiones o ciudades.

Cada vez que decimos «todos los... son...» estamos prejuzgando a los demás, pues no conocemos a todas las personas de un determinado lugar o de un tipo concreto, ni siquiera a la mayoría.

Se dan casos incluso en los que no conocemos a ningún miembro de ese colectivo y, aún así, los criticamos.

La xenofobia es otra forma de discriminación hacia los que son diferentes, en este caso porque son extranjeros.

4.3 La aporofobia

Con mucha frecuencia, lo que se esconde detrás de la discriminación a determinados grupos tiene que ver, en realidad, con argumentos económicos, se trata de un clasismo encubierto.

Imaginemos que conocemos a una persona que pertenece a uno de esos colectivos rechazados (es de una nacionalidad o de una raza diferente de la nuestra) y alguien comienza a criticarlo por ese motivo. Supongamos que le decimos que es rico y muy generoso y que nos invita a todos a una fiesta en la que habrá todo lo que más nos gusta. Basta la imagen para darnos cuenta de que su actitud cambiará completamente.

La filósofa española Adela Cortina propone el término «aporofobia» para designar esa discriminación hacia los pobres, que, en su opinión, subyace a la mayor parte de nuestros prejuicios y de nuestras actitudes discriminatorias.

Nos da igual la raza de los grandes ídolos deportivos o de los dueños de inmensas fortunas. En cambio, nos sentimos fácilmente tentados a criticar a quienes son pobres.

Comprende, piensa, investiga...

1. Menciona cuáles te parece que son los principales tipos de discriminación que ves a tu alrededor.
2. **Ejemplificar.** Pon un ejemplo de xenofobia no racista y otro de racismo no xenófobo.
3. ¿Qué te parece la opinión de Adela Cortina? ¿Estás de acuerdo?
4. Buscad el artículo de periódico en el que Adela Cortina defendió el uso de este término. Leedlo y comentadlo en clase.

Taller de valores

Aplica tus competencias

En muchos casos, la discriminación lleva a cometer actos terribles y no solo a individuos o a grupos incontrolados, sino que también en algunos países se aplican leyes que no respetan los derechos humanos y perjudican a determinados colectivos. Por ello, todos debemos colaborar para la derogación de esas leyes injustas.

Salvar a Sufiya

En el año 2001, en Nigeria, una mujer de 35 años llamada Sufiya Huseini fue condenada a morir lapidada. Se la acusaba de un delito de adulterio.

Además, este no ha sido el único caso. Por ejemplo, en ese mismo país y solo un año después, Amina Lawal también fue condenada a morir lapidada.

Cuando, gracias a la prensa, el caso de Sufiya saltó a la escena internacional, varias ONG colaboraron para intentar salvarla. La campaña que organizaron con el lema «Salvar a Sufiya» consistía en enviar una carta al presidente de Nigeria firmada por miles de personas en la que se le pedía que impidiera la ejecución. La campaña tuvo éxito y en 2002 se le levantó la pena capital.

Entre las ONG participantes se encontraba Amnistía Internacional. Esta asociación, que trabaja para hacer que se respeten los derechos humanos de todas las personas, se muestra especialmente activa exigiendo la abolición de la pena de muerte en todo el mundo y la prohibición absoluta de cualquier forma de tortura y de otros tipos de maltrato.

Buscad información

1 Buscad la carta al presidente de Nigeria para conocer su contenido exacto.

2 Averiguad en qué países está vigente la pena de muerte y en qué supuestos.

3 Investiga qué le pasó, finalmente, a Amina Lawal.

Comprende la situación y exprésate

4 Si hubieras sido tú el presidente de Nigeria, ¿qué hubieras hecho en el caso de Sufiya?

5 Si hubieras sido miembro de Amnistía Internacional o de otra ONG colaboradora, ¿habrías iniciado esa campaña u otra más contundente?

6 ¿Firmarías esa carta o cualquier otra semejante?

Aprende a debatir

7 Debatid en clase sobre la legitimidad de la pena de muerte: ¿es justa?; ¿aporta alguna solución al problema de la violencia entre los seres humanos?; su aplicación, ¿es un asesinato?

Reflexiona y valora

8 **Valorar.** Si fueras ciudadano o ciudadana de un país que aplica legalmente la pena de muerte, ¿te considerarías responsable de la muerte de los condenados? ¿Se estaría matando en tu nombre?

9 **Valorar.** ¿Solo sería responsable el Estado pero no su ciudadanía, o bien, además de aquel, lo sería también la ciudadanía que estuviera a favor de la pena de muerte?

Los valores en la historia. Francisco de Goya, pintor de los derechos humanos

Francisco de Goya y Lucientes (1746-1828) fue un pintor aragonés. Con sus óleos, grabados y dibujos dio inicio el Romanticismo en la pintura en España. Tanto influyó en las vanguardias pictóricas del siglo xx (el expresionismo, la abstracción...) que es considerado el iniciador de la pintura contemporánea.

Sus grabados que componen la serie *Los desastres de la guerra* denuncian la tortura y la pena de muerte, los sufrimientos provocados por padecer hambre y carestía, el Estado absolutista, el dogmatismo y la superstición.

Otros de sus cuadros, entre los que se encuentran los famosos sobre la carga y los fusilamientos del 2 y del 3 de mayo de 1808 en Madrid, reflejan críticamente la injusticia y horror de la guerra y las consecuencias de la represión política.

Finalmente, otras de sus pinturas, integradas en la serie *Pinturas negras,* entre las que se halla el cuadro titulado *La riña o duelo a garrotazos,* son un contundente ejemplo de la sinrazón de la violencia y de la estupidez de la lucha fratricida.

emprender aprender

Las Jornadas del Respeto

Para organizar estas jornadas, seguid estas pautas:

- Organizaos en grupos y buscad información en textos, vídeos y carteles de anuncios publicitarios que reflejen situaciones de igualdad y también de desigualdad entre razas, sexos...
- Después, elaborad un guion para confrontar los casos recogidos. Por ejemplo, si disponéis de dos anuncios publicitarios que discriminan a la mujer y de otros dos que denuncian esas prácticas en diferentes ámbitos de la vida tanto privada como pública, podéis montar una breve secuencia de imágenes alternando esos anuncios bajo los rótulos: «Así, no» y «Así, sí», respectivamente.
- También podéis dibujar escenas que muestren situaciones de respeto entre jóvenes y mayores. Por ejemplo, una joven cediendo el asiento a un anciano en el autobús.
- Recopilad fotografías en las que se vea a personas de distinta raza, religión, grupo étnico o nacionalidad dialogando y ayudándose.

Calendario de los derechos

Elaboración de un calendario semanal de los derechos:

LUNES	La igualdad entre razas
MARTES	Hombres y mujeres: iguales, aunque diferentes
MIÉRCOLES	El día de todas las naciones
JUEVES	Campaña para salvar a...
VIERNES	Lucha contra la pobreza

El material elaborado será expuesto en el centro escolar.

5

La libertad

Libertad necesaria y responsable

Ser libre es poder elegir, pero, al mismo tiempo, implica la necesidad de tener que elegir. Por eso, no escogemos ser libres.

En cualquier caso, si somos libres, somos responsables. Si tenemos libertad para actuar, pensar, opinar..., entonces debemos asumir las consecuencias: responsabilizarnos.

Es libre quien no está dominado, coaccionado de tal manera que no encuentra otra salida posible.

La libertad no es ajena a las normas. Al contrario, su misma existencia se vincula a la de las normas. Por tanto, no existe libertad sin interferencias, porque siempre viene dada en situación, en un contexto determinado, o, como decía Ortega, en unas circunstancias.

La libertad humana se basa en nuestra capacidad para razonar, para elegir voluntariamente y para saber conducir de la manera más conveniente nuestros deseos.

La libertad es un derecho fundamental que encabeza la Declaración Universal de los Derechos Humanos. Todos los seres humanos, sin excepción, han de ser reconocidos y tratados como seres libres.

En esta unidad vas a estudiar

1. Por qué no nos queda más remedio que ser libres y asumir nuestra libertad.
2. Los tipos de libertad.
3. Las implicaciones de ser racional y libre.
4. El apoyo de los derechos humanos a la libertad.

Reflexionamos

Los enemigos de la libertad

—¿Pero quién querría...? —a Jack se le quebró la voz; hizo lo posible por acabar la pregunta y no lo logró; solo consiguió articular—: ¿Y por qué?

Shail suspiró.

—El lugar de donde venimos, Jack, está gobernado por unos... llamémoslos... individuos... a quienes no les gusta que se rebelen contra ellos. Por eso han enviado a Kirtash. Se dedica a ir por el mundo buscando gente... como nosotros. Gente... exiliada. Gente que ha escapado hasta aquí. Los busca, los encuentra... y los mata.

Jack respiró hondo. Se imaginó al punto un país ahogado por unos dictadores que gobernaban con mano de hierro.

—Pero mis padres... no pertenecían a ese lugar —objetó—. Me lo habrían dicho.

—Puede que sí, o puede que no, Jack. Tal vez tengas razón y Kirtash y los suyos se hayan equivocado con vosotros. Pero me parecería muy extraño, porque ellos nunca cometen errores de ese tipo.

Jack no dijo nada. Le costaba asimilar tanta información.

—Nosotros somos... rebeldes —prosiguió Shail—. O renegados, como nos llaman ellos. Alsan y yo vinimos aquí para cumplir una misión, y nos tropezamos con Kirtash. Hemos intentado impedir que siga asesinando a nuestra gente.

Laura Gallego García, *Memorias de Idhun. La resistencia,* I, 1, SM.

Dialogamos

1 En este texto se habla de acciones que tratan de anular la libertad de los individuos y de situaciones que evidencian la falta de libertad. Identificad todas ellas. Ahí va una pista: «dictadores que gobiernan con mano de hierro».

2 En el texto se habla de rebeldes y de renegados. ¿Ambas expresiones significan lo mismo? ¿Quién emplea cada una y por qué unos se consideran «rebeldes» y los otros los consideran «renegados»?

3 Debatid sobre el siguiente caso: supongamos que vivimos en un país como el imaginado en este texto, donde las personas viven «ahogadas» por el poder político. ¿Consideráis legítima la rebelión?

1 Libertad, esa necesidad

1.1 Poder elegir, tener que elegir

Desde un punto de vista general, quienes afirman que los seres humanos somos libres son denominados indeterministas, mientras que son deterministas quienes opinan que en realidad no lo somos. Ahora bien, aunque admitamos que somos libres, nuestra libertad nunca es completa, puesto que ni siquiera podemos evitar elegir. Nos hallamos así, como decía Sartre, «condenados a ser libres».

La libertad consiste en poder optar y, simultáneamente, en tener que hacerlo. Por eso estamos forzados a ejercitar la libertad, con lo que la vida, la de cada cual, no es únicamente lo que nos pasa, sino, al mismo tiempo, lo que hacemos en medio de lo que nos ocurre.

1.2 La libertad, una carrera de obstáculos

Podemos comparar la libertad con una carrera sin meta en la que, en ocasiones, te parece acelerar y, en otras, frenar, y en la que cambias de ruta según decides, descubriendo siempre paisajes nuevos.

Pero es una carrera llena de obstáculos. El primero de esos obstáculos es el propio individuo: tenemos un cuerpo, somos finitos, vivimos durante un tiempo determinado, en una época histórica, disponemos de unas fuerzas y de unas capacidades concretas.

Así pues, la libertad está limitada de origen. Sin embargo, nadie quiere renunciar a ella. Aunque si quisiéramos, tampoco podríamos, porque incluso para querer no ser libres, tendríamos que escoger que fuera así.

La libertad es como una carrera de obstáculos en la que tenemos que superar las limitaciones de nuestro cuerpo y dominar nuestra voluntad.

El segundo obstáculo importante no procede del cuerpo, sino de la mente y tiene que ver con nuestra voluntad: la libertad es el poder de actuar o de no hacerlo de acuerdo con nuestros deseos. Pero la voluntad también impone condiciones: nuestras acciones voluntarias tienen motivos que las alimentan, intereses que las dirigen, deseos que las impulsan. En el interior de la libertad de cada persona operan circunstancias de las que no siempre se es consciente, fuerzas que a veces no son racionales, ni siquiera razonables, y que orientan nuestras decisiones.

Nuestros deseos están condicionados por ser quienes somos y toda nuestra experiencia anterior. Los alimentos que consumimos son diferentes de los que necesitan las plantas, el tipo de ropa que nos gusta sería distinto si hubiéramos nacido hace cien años, nuestra afición por un deporte determinado no la tendríamos si viviéramos en una jungla, nos han enseñado a valorar algunas cosas y a despreciar otras.

Las personas somos muy diferentes unas de otras, y lo que deseamos y lo que hacemos está condicionado por lo que somos y por nuestra experiencia.

1.3 Libertad y situación

Entre los obstáculos que encontramos en la carrera a la que hemos llamado libertad están, además de la propia persona, los otros: las personas, pero también la sociedad y la cultura en las que vivimos, que establecen costumbres, normas morales e incluso leyes.

La libertad nunca es pura, sino que se tiene en una situación, en un conjunto de circunstancias que la condicionan y, quizá, la determinan.

Entre esas circunstancias destacan las sociales. Montesquieu decía que no hay libertad sin ley. Existen leyes políticas, morales, jurídicas, económicas, religiosas, costumbres y tradiciones culturales que ponen freno a la libertad o la encauzan en direcciones determinadas.

Pero que la libertad se adapte a unas normas no significa que no sea posible. Al contrario, si se establecen leyes es porque pueden cumplirse o no. Hay cosas que físicamente podemos hacer y otras que no. Entre las que podemos hacer, algunas las elegimos voluntariamente.

Comprende, piensa, investiga...

1 Expresa el significado de estas sentencias sobre la libertad y aporta una cita sobre el tema:

- «Estamos condenados a la libertad [...]. Somos libres salvo para dejar de ser libres» (Jean-Paul Sartre, *El ser y la nada*).
- «El hombre ha nacido libre y por doquier está encadenado» (Jean-Jacques Rousseau, *El contrato social*).
- «Si no hubiera libertad, no cabría en modo alguno dar con la ley moral dentro de nosotros» (Immanuel Kant, *Crítica de la razón práctica*).
- «Cuanto más libre consideremos al hombre, menos podemos afirmar que puede no usar de la razón y elegir lo malo en vez de lo bueno» (Baruch Spinoza, *Tratado político*).
- «La libertad del individuo debe ser así limitada: no debe convertirse en un perjuicio para los demás» (John Stuart Mill, *Sobre la libertad*).
- «Vivir es sentirse fatalmente forzado a ejercitar la libertad, a decidir lo que vamos a ser en este mundo. Ni un solo instante se deja descansar a nuestra actividad de decisión. Inclusive cuando, desesperados, nos abandonamos a lo que quiera venir, hemos decidido no decidir» (José Ortega y Gasset, *La rebelión de las masas*).

2 **Comparar.** Las sentencias anteriores comparten, al menos, un par de ideas. ¿Cuáles son?

3 Investiga sobre los autores citados y ordénalos históricamente.

2 Libertad de quién y para qué

2.1 Libertad y razón

Muchas veces decimos que los animales viven en libertad, pero lo que realmente queremos indicar con esto es que viven en la naturaleza y parecen perfectamente adaptados a ella, moviéndose en su entorno sin límites sociales ni culturales.

Cuando reflexionamos un poco más, pensamos que la mayor parte de su conducta está completamente dirigida por su instinto: el lobo no puede escoger hacerse vegetariano ni dedicarse a la ganadería.

Si hablamos de libertad, sea del tipo que sea (de acción, de pensamiento, de expresión, de reunión...), solemos atribuir tal característica a las conductas voluntarias y conscientes que realiza el ser humano. Pero ¿por qué reservamos la libertad para el ser humano? Porque entendemos que es un tipo de conducta opuesta al instinto, por el que todo está fijado y en el que no es posible escoger, pues es una respuesta casi automática.

Oponiendo la libertad al instinto, enfrentamos la conducta voluntaria a la programada genéticamente, pero también acercamos la libertad a la razón, pues para elegir, hay que preferir, y para preferir, hay que sopesar, por lo que es necesario analizar y deliberar. Se manifiesta así un poder de decisión y la existencia de preferencias.

Aristóteles sostenía que elegir no es simplemente optar, sino preferir una cosa con respecto a otra, y esto no es posible sin examen ni deliberación; por eso, la elección procede de una opinión razonada. Naturalmente, el hecho de que pensemos, seleccionemos y elijamos no significa que acertemos siempre: a veces nos equivocamos o lo que hacemos resulta mal.

Es verdad que, en ocasiones, parece que tomamos decisiones a la ligera; sin embargo, bajo esa apariencia de espontánea arbitrariedad existe un caudal de actividad racional.

No basta con poder elegir, como lo haría una máquina si la programáramos para ello, la libertad exige que pensemos y argumentemos.

Aunque los animales vivan en libertad en la naturaleza, su comportamiento está completamente dirigido por sus instintos.

2.2 «Libertad de» y «libertad para»

Una buena estrategia para evaluar un asunto es tratar de comprenderlo en relación con otros, observándolo en todos sus aspectos. En el caso de la libertad, podemos hablar de «libertad negativa» y de «libertad positiva»:

a) Con el primer sentido, nos referimos a una precondición necesaria de la libertad: estar liberados de condicionamientos o coacciones que la harían imposible.

b) Con el segundo, que depende del anterior, se entiende que la libertad está en función de los proyectos que queremos hacer, pues no se va a ninguna parte si no sabemos adónde vamos.

De esta forma, libertad negativa indica que una persona o un grupo no se encuentran coaccionados por otros o por determinadas situaciones para actuar. A este tipo de libertad, Isaiah Berlin lo llamó «libertad de».

El sentido de libertad positiva (o «libertad para») indica qué pueden hacer una persona o un grupo con esa autonomía.

En realidad, ambos aspectos son complementarios y caminan en una misma dirección: eliminar situaciones de dependencia que me impiden ser libre: ignorancia, pobreza extrema, pero también autoritarismo y dominación, que pretenden afirmar su autoridad sobre mí. Por esto cabe relacionar la libertad directamente con la vida del ser humano autónomo; es decir, del que no vive como esclavo.

Pues bien, la libertad existe con interferencia, pero no con dominación.

Comprende, piensa, investiga...

1 Averigua quién introdujo la distinción entre «libertad negativa» y «libertad positiva», y expón sus respectivos significados.

2 **Interpretar.** ¿Son lo mismo «interferencia» y «dominación»? Argumenta tu opinión.

3 **Explicar.** El filósofo Gottfried Leibniz decía que «libre» es lo mismo que «espontáneo con razón». Aclara el sentido de esta idea y muestra tu acuerdo o desacuerdo con ella.

4 Debatid sobre hasta qué punto os consideráis libres. Para ello, tened en cuenta la distinción entre «libertad de» y «libertad para». ¿Se puede no ser libres aunque no haya obstáculos que nos lo impidan?

En situaciones de pobreza, ignorancia o dominación, no es posible ejercer la libertad, pues los condicionamientos o las coacciones la impiden.

3 El ser humano racional y libre

El carácter moral del ser humano está directamente ligado a su capacidad de elegir. Quien no escoge, no acierta ni se equivoca, no hace nada bien ni mal.

Como decía el filósofo Immanuel Kant, la libertad es un requisito necesario para la moral. Pero también la moral es el espacio en el que la libertad puede desarrollarse para realizar un mundo mejor.

3.1 Libres, pero responsables

Nos gusta ser libres para hacer lo que nos apetezca, pero al mismo tiempo debemos hacernos cargo de las consecuencias que conllevan nuestras acciones, pues por el hecho mismo de elegirlas hemos de responder de ellas, nos hacemos responsables.

Muchas veces queremos obrar como nos plazca, pero cuando razonamos, escogemos y actuamos, causamos beneficios o perjuicios, de los que tenemos que hacernos cargo.

En definitiva, si somos libres, somos responsables. Pero ¿qué significa ser responsable?:

a) En primer lugar, que se nos pueden atribuir las acciones que proceden de nuestra libertad.

b) En segundo lugar, que nuestras preferencias y nuestras valoraciones implican que damos un contenido moral a esas acciones libres; es decir, que las juzgamos teniendo en cuenta valores como la bondad, la justicia, la solidaridad o la igualdad.

c) En tercer lugar, ser responsable supone que la libertad ha de ser empleada razonablemente.

La libertad implica la responsabilidad de actuar de acuerdo con valores morales, como la bondad, la solidaridad o la igualdad.

Los instintos y los impulsos provocan la mayor parte de nuestros deseos y son un motor fundamental de la acción humana, pero es la gestión que hacemos de ellos mediante la razón lo que nos permite elegir: nos damos cuenta de que hay veces que debemos retrasar algo que nos apetece o, incluso, que hemos de renunciar a ello. Razonamos y preferimos lo mejor.

Los deseos son imprescindibles, pero quien se deja llevar solo por ellos se convierte en un esclavo. La razón nos permite calcular y valorar las consecuencias de nuestros actos, y junto con la voluntad y la inteligencia nos hacen más autónomos y nos ayudan a construir una personalidad mejor.

Cuando ponemos en marcha nuestro proyecto personal de vida, muchas veces tenemos que retrasar la satisfacción de nuestros deseos para conseguir metas más altas.

3.2 De la libertad a la dignidad

Hemos señalado que, como ser libre, el ser humano es responsable y que eso supone tener que comportarse racionalmente. Justamente, su racionalidad libre y responsable es la que le otorga dignidad. Pero sostener esa dignidad no es tarea sencilla. Se hace preciso que los demás la reconozcan y la respeten. Por eso son tan importantes las leyes morales y jurídicas acordes con los derechos humanos, que afirman y fomentan la dignidad de las personas.

En este punto también podemos aplicar la distinción entre «libertad de» y «libertad para»:

a) Así comprenderemos que, desde el punto de vista de la dignidad, «libertad de» significa que las personas han de tener la independencia suficiente de opresiones que puedan poner en peligro sus derechos. De poco le sirve a alguien la libertad si a causa de la pobreza y de la guerra no tiene qué comer ni dónde vivir, si no encuentra seguridad ni paz.

b) Por otra parte, la «libertad para» implica determinación y autonomía para hacer y elegir nuestro proyecto personal de vida. No basta con tener las necesidades básicas cubiertas: es preciso que podamos emprender nuestro proyecto de vida.

   Y no tendremos una libertad plena si los demás no reconocen y respetan nuestros derechos. En este aspecto, son importantes derechos sociales como el de la educación, la libertad de expresión, el derecho a ser tratado con justicia, la igualdad ante le ley...

Comprende, piensa, investiga...

1. Explica la relación entre libertad y responsabilidad.

2. Busca noticias que reflejen casos en los que no existan condiciones suficientes de vida material y social para desarrollar la libertad y comentadlas en clase.

3. Debatid sobre si puede ser libre un preso que ha sido encarcelado porque ha cometido un delito del que efectivamente es culpable. Exponed en qué aspectos sería libre y en cuáles no.

4 Libertad y derechos humanos

Los espartanos consideraban que la libertad era el espíritu de los guerreros fuertes, pero los atenienses —que luchaban contra ellos en la guerra del Peloponeso— reclamaban que la fuerza y la libertad habían de provenir de unas leyes justas por las que se gobernaba la ciudad y que se concretaban en el espíritu de la democracia.

En la actualidad, hemos sabido combinar ambas perspectivas y, de este modo, comprender que la libertad pertenece al valiente, pero que ese coraje no tiene que ver con la fuerza física, sino con el valor democrático de la ley. Es libre quien puede elegir; lo es más quien sabe hacerlo inteligentemente, y todavía es más libre quien lo hace de acuerdo con unas leyes buenas y justas.

La democracia, como estrategia política, y los derechos humanos, como contenido moral, son buenos aliados de la libertad. En conclusión, la libertad constituye la raíz de la estructura moral de la persona y los derechos humanos son la plataforma que la refuerzan.

4.1 El reconocimiento universal de la libertad

La Declaración Universal de los Derechos Humanos reconoce la razón, la conciencia y la libertad como atributos esenciales del ser humano. Para su promoción, establece una serie de derechos de obligado cumplimiento por parte de las personas, las instituciones, los países y los gobiernos, que han de garantizar la dignidad de todas las personas.

Esto supone un gran paso adelante en el reconocimiento del valor universal de la libertad, que si bien reside en último término en la conciencia de cada persona, necesita de un asidero social para ser desarrollada y completada, porque si solo uno fuera libre, o bien si lo fueran unos pocos, entonces la libertad dejaría de ser un derecho para convertirse en un privilegio.

Si un gobernante dispusiera de tanta libertad sobre sus gobernados que pudiera aplicar sin temor leyes injustas, entonces no estaría comandando a ciudadanos y ciudadanas, sino a súbditos.

El súbdito, de manera parecida al esclavo, y en todo caso a diferencia de la ciudadanía, es el que carece de libertad política, porque su capacidad para ser libre no se encuentra fundamentada en leyes que la garanticen; así, vivirá continuamente en peligro y a merced de su amo.

Los artículos 1 y 2 de la Declaración Universal de los Derechos Humanos se refieren a los derechos inherentes a toda persona, entre los que se citan la libertad, la igualdad, la fraternidad y la no discriminación. Los artículos del 18 al 27 precisan los derechos y las libertades políticas de los individuos.

4.2 Estado y libertad

La Declaración Universal de los Derechos Humanos establece los límites del Estado para garantizar el respeto a la libertad de la ciudadanía. El artículo 18 afirma que «toda persona tiene derecho a la libertad de pensamiento, de conciencia y de religión». El artículo 19 extiende la libertad a la opinión y a su expresión.

Las libertades de opinión y de expresión están reconocidas como derechos humanos y son esenciales en las sociedades democráticas.

La cultura es un bien esencial de la humanidad y uno de los derechos humanos inalienables de la persona.

El artículo 20 se centra en asegurar las libertades de reunión y de asociación pacíficas, y el artículo 21 refiere que «toda persona tiene derecho a participar en el gobierno de su país, directamente o por medio de representantes libremente escogidos».

Finalmente, los artículos del 22 al 28 amplían el derecho de libertad a los ámbitos propios del escenario político o público de la sociedad: la educación, el trabajo, el bienestar social, la cultura...

Cualquier Estado que se postule como democrático ha de respetar todos esos derechos y potenciar así el pleno desarrollo de la libertad ciudadana.

Comprende, piensa, investiga...

1 Expresa la diferencia entre un esclavo, un súbdito y un ciudadano o ciudadana.

2 En grupos, investigad sobre épocas históricas en las que no se reconocía la libertad a todos los individuos. Elaborad presentaciones informáticas para dar a conocer vuestras investigaciones.

3 Leed atentamente los artículos de la Declaración Universal de los Derechos Humanos citados anteriormente y debatid sobre si se cumplen en la sociedad actual. Procurad poner ejemplos.

Aplica tus competencias

Elegir entre distintas opciones aquella que nos parece más justa, o la que más nos beneficie, o la que más nos guste, o aquella en la que tengamos mayor interés... supone asumir que somos libres.

Pero nuestra libertad es siempre limitada. A veces, por naturaleza, no podemos hacer algunas cosas, como, por ejemplo, volar. También hay acciones que las leyes sociales y morales prohíben y que, por tanto, reducen nuestra libertad, como, por ejemplo, la edad de voto fijada para participar en elecciones públicas democráticas.

La edad de voto

En sentido político y colectivo, una elección es un procedimiento establecido según reglas dispuestas por una organización (puede ser un Estado, un centro educativo, un club de fútbol, una empresa, etc.) y que permiten a todos o algunos de sus miembros elegir a una serie de representantes para que tomen decisiones o realicen determinadas tareas en beneficio de esa comunidad o agrupación.

En democracia, las elecciones se hacen por medio del voto de los ciudadanos que tienen derecho a él. Pero ese derecho ciudadano solo se consigue cuando se alcanza la mayoría de edad (en España, a los 18 años). No obstante, a los 16 años se acaba la Enseñanza Secundaria Obligatoria y entonces se tiene edad legal para trabajar e incluso para pagar impuestos y para asumir otras responsabilidades.

En Estados Unidos, la edad de voto se fija mayoritariamente en los 18 años, aunque en algunos estados se puede votar a partir de los 17 años. En Europa, todos los miembros de la Unión Europea fijan la edad de voto en los 18 años, menos Austria, que permite ejercer ese derecho a partir de los 16 años.

Por otra parte, está la cuestión de la obligatoriedad del voto. Por ejemplo, el voto es obligatorio en cuatro países de la Unión Europea: Bélgica, Grecia, Chipre y Luxemburgo. En cambio, en España es voluntario.

Comprende el texto y exprésate

1 ¿Consideras que la edad legal para votar debe seguir siendo a los 18 años o que se debería poder votar a partir de los 16 años? Explica tu opinión.

2 **Criticar.** En cualquier caso, ¿crees que todos los puestos de poder político han de ser elegidos por votación?

3 ¿Se te ocurren otros procedimientos para elegir a representantes políticos diferentes al actual?

Buscad información

4 El derecho de voto fue reconocido más tarde a las mujeres que a los varones. Investiga qué países fueron los primeros en permitir el voto femenino.

Reflexionad y debatid

5 Hay algunas limitaciones al derecho al voto, como, por ejemplo, ser extranjero. Debatid sobre ellas y argumentad si os parecen apropiadas.

Los valores en la historia

La sociedad abierta y sus enemigos

Karl R. Popper (1902-1994) nació y se formó en Viena, en el seno de una familia de ascendencia judía, y murió en Gran Bretaña. Fue distinguido con premios y honores en varios países y universidades, pero también tuvo que vivir las dos guerras mundiales. Sus escritos tuvieron gran repercusión en el ámbito de la filosofía de la ciencia y en campos como la ética y la política.

Popper creía que el progreso del saber no se hacía construyendo seguridades absolutas, certezas inmutables, sino desarrollando una razón crítica para buscar aproximaciones a una verdad nunca definitivamente alcanzable.

Esta manera de pensar se conoce como «racionalismo crítico»: el ser humano puede liberarse de sus prejuicios y alejarse del dogmatismo, del fanatismo y de la ignorancia mediante la deliberación racional y ajustando cada vez mejor sus teorías sobre la realidad sin considerarlas nunca definitivas. «El racionalista —decía Popper— es un hombre que trata de llegar a las decisiones por la argumentación o, en ciertos casos, por el compromiso, y no por la violencia».

Este racionalismo crítico tenía, en el caso de Popper, su extensión al plano social y político. Así, según él, la sociedad no puede progresar bajo el control de poderes absolutos, sino por medio de un gobierno democrático capaz de expandir la libertad de la ciudadanía. De igual manera que la ciencia es el escenario abierto del saber racional, la sociedad ha de ser el escenario abierto donde desarrollar la libertad.

La que Popper denominaba «sociedad abierta» es la sociedad democrática, aquella donde la confrontación política es posible en libertad y en la que la crítica de lo existente es asumida como motor de progreso.

Frente a la sociedad abierta se sitúan los sistemas cerrados, dogmáticos, totalitarios, donde no existe la libertad y en los que el ciudadano no tiene ni voz ni voto.

emprender aprender

Creamos un programa de televisión

¡En el aire!

La televisión no solo es un medio de comunicación y de entretenimiento; también puede ser una herramienta educativa. Existen programas realizados con esta finalidad: documentales, informativos, programas de debate y concursos.

Elaborad un programa de televisión sobre la libertad. Para ello, tened en cuenta:

- Tenéis que respetar las libertades de opinión y de expresión para elegir los contenidos del programa y para emitir diversas opiniones.
- Habéis de respetar la libertad de los otros y no imponer nuestra voluntad.
- Sois responsables de vuestras opiniones, pues las habéis expresado libremente.

Pero la libertad no está exenta de control y de normas, así que deberéis seguir algunas pautas para elaborar vuestro programa de televisión.

1 Ved algunos programas educativos difundidos en la televisión para conocer mejor su estructura, sus contenidos...

2 Elegid democráticamente los contenidos del programa, su duración y su formato. Tened en cuenta que el programa resultará de mayor interés para todos si trata asuntos relacionados con la vida diaria en el centro escolar.

3 Distribuid las tareas y trabajad en equipo. No se trata de que todo el grupo haga lo mismo, sino de que se trabaje en equipo para conseguir el objetivo. Así, se podrán repartir las labores: realización técnica y grabación, presentación, redacción de los guiones, recogida de información, coordinación de los trabajos...

4 Finalmente, anunciad la emisión del programa y, como dicen en televisión, ¡estamos en el aire!

6

Sociedad, libertad y valores

Necesidad social de los valores

Los seres humanos somos diferentes de los demás seres vivos. Somos animales y somos racionales. A pesar de que nuestra libertad está condicionada, podemos elegir, y la educación nos ayuda a hacerlo.

Tanto el relativismo como el objetivismo morales surgieron en Atenas, la primera sociedad democrática, con los sofistas y Sócrates. Aristóteles pensaba que los seres humanos actúan buscando la felicidad, que sitúan en el placer, en la vida pública o en la contemplación.

Los valores éticos son los más importantes en la vida, porque guían nuestras relaciones con el mundo que nos rodea, orientan nuestras acciones y nos impulsan a ser mejores, ayudándonos a elegir cómo queremos ser y qué debemos hacer.

Los valores cívicos son una extensión de los valores éticos a nuestra vida en un Estado democrático. La corrupción política, la mentira o la intolerancia son consecuencias del abuso del poder por individuos particulares y son contrarios a los valores éticos y cívicos en los que se basan los sistemas democráticos.

En esta unidad vas a estudiar

1 Las tendencias del ser humano según Aristóteles.

2 Los valores éticos y los valores cívicos.

3 Los valores en la democracia.

4 Las consecuencias negativas de la ausencia de valores éticos y cívicos en la sociedad democrática.

Reflexionamos

Valores y sociedad

—Cuando tus antepasados llegaron a Alagaësia, hace ochocientos años, deambulaban por estas tierras, buscando un lugar apto para vivir. Al final se instalaron en el valle de Palancar, aunque entonces no se llamaba así. Era uno de los pocos lugares defendibles que no habíamos reclamado nosotros ni los enanos. Allí vuestro rey, Palancar, empezó a construir un estado poderoso.

Nos declaró la guerra con la intención de expandir sus fronteras, aunque no hubo provocación alguna por nuestra parte. Atacó tres veces, y vencimos las tres. Nuestra fuerza asustó a los nobles de Palancar, que suplicaron la paz a su señor feudal. Él ignoró sus consejos. Entonces los nobles se acercaron a nosotros con un tratado que los elfos firmamos sin que lo supiera el rey.

Con nuestra ayuda, Palancar perdió el trono y fue desterrado, pero él, su familia y sus vasallos se negaron a abandonar el valle. Como no teníamos ninguna intención de matarlos, construimos la torre de Ristavk'baen para que los Jinetes vigilaran a Palancar y se aseguraran de que nunca volviera a tomar el poder ni a atacar a nadie más en Alagaësia.

Al poco tiempo, Palancar fue asesinado por un hijo que no quería esperar a que la naturaleza siguiera su curso. Desde entonces, la política familiar consistió en asesinar, traicionar y otras depravaciones que redujeron la casa de Palancar a una sombra de su antigua grandeza. Sin embargo, sus descendientes nunca se fueron, y la sangre del rey sigue viva en Therinsford y Carvahall.

Christopher Paolini, *Eldest,* Roca.

Dialogamos

1 ¿Creéis que se puede establecer alguna relación entre lo que pasa en el reino de Palancar y la existencia de unos valores o la falta de ellos? Explicadlo.

2 Buscad información sobre los valores que promueve la Constitución española. ¿Estáis de acuerdo con ellos? ¿Añadiríais alguno que penséis que falta?

3 Debatid sobre si los valores que promueve la Constitución española contribuyen a construir una sociedad mejor.

1 Tendencias del ser humano

1.1 Racionales y libres

Los seres humanos somos de una naturaleza que nos distingue de los demás seres vivos. Somos animales, pero también somos racionales.

Esta diferencia explica que tengamos inclinaciones que coinciden con las de otros animales, como, por ejemplo, la agresividad, el impulso sexual o la tendencia a conservar nuestra vida, y otras que solo encontramos en los seres humanos, como el deseo de saber, la ciencia, la posibilidad de opinar...

Pero quizá la característica que nos identifica como humanos sea la libertad, que es esa capacidad de orientar nuestra vida de acuerdo con lo que consideramos bien o mal.

La libertad es el núcleo de la vida moral. Sin ella no somos dueños de nuestros actos y, por tanto, no podríamos responder de su bondad o de su maldad; es decir, no tendría sentido hablar de su moralidad.

1.2 Las tendencias humanas según Aristóteles

Aristóteles distinguía tres tipos de alma:

a) Vegetativa: la tienen las plantas y hace que se nutran y crezcan.

b) Sensitiva: presente en los animales y que les permite sentir.

c) Racional: propia de los seres humanos, que nos dota de la capacidad de razonamiento. El alma racional, además, incluye las cualidades de las otras dos, de modo que en el ser humano encontramos esas tres capacidades: la vida, la sensación y el pensamiento.

Si queremos conocer cómo alcanza la felicidad el ser humano, hay que buscar en lo que lo caracteriza: el razonamiento. Pero algunos la sitúan en el placer; otros, en la vida pública, y otros, en la contemplación.

Aristóteles critica a los primeros, porque el placer no es una actividad, sino el resultado de la actividad bien hecha; es, pues, una sensación que acompaña a ciertas actividades, y buscar el placer por sí mismo no es una elección virtuosa.

Así pues, la felicidad como finalidad de la actividad propia del ser humano hay que relacionarla con las actividades pública y contemplativa; es decir, con la participación en la vida política y con el cultivo de la razón. Solo son dignos de elogio aquellos que son virtuosos en dichas actividades.

1.3 Factores que condicionan la libertad

Pero, en ocasiones, nos preguntamos si somos realmente libres. Por un lado, parece que sí, porque somos inteligentes y no dependemos de manera absoluta de nuestras tendencias o instintos.

Ahora bien, ser libres no significa que no tengamos límites. De hecho, nuestra libertad está condicionada por muchos factores. Empezando por las leyes físicas. La paloma no podría volar sin aire y las personas no nos desplazaríamos de un lugar a otro sin la gravedad.

Somos libres, pero con limitaciones; por ejemplo, nuestra actividad está sometida a las leyes físicas.

Pero, además, hay otros tipos de condicionamientos; por ejemplo, los de carácter biológico (nuestra dotación genética o estructura física) o psicológico (nuestra capacidad intelectual o nuestro temperamento).

Y también los hay de carácter social, cultural o ambiental, como el hecho de haber nacido en un determinado país, haber recibido una educación concreta o unas creencias determinadas, nacer en una familia con un nivel cultural bajo o alto...

A pesar de todas estas limitaciones, mantenemos una capacidad fundamental para decidir. Una prueba de ello es que podemos orientar nuestra vida en la dirección en que elijamos, que no estamos abocados fatalmente a un destino marcado por las circunstancias.

La educación es uno de los factores fundamentales que nos pueden ayudar a hacernos más libres removiendo los aspectos más negativos de esos condicionamientos inevitables. Aunque parece que nos dirige, que nos orienta y que nos obliga a ser y a actuar de un modo determinado, también nos abre nuevos horizontes de posibilidades.

Condicionamientos sociales, culturales o ambientales también limitan nuestra libertad, como, por ejemplo, el país en el que vivimos, la educación que recibimos o la familia a la que pertenecemos.

Comprende, piensa, investiga...

1 ¿Qué relación existe entre la libertad y la vida moral? Pon algún ejemplo de lo que dices.

2 **Ejemplificar.** Busca ejemplos o casos de actuaciones humanas en los que se muestren las tendencias de las que habla Aristóteles.

3 **Justificar.** ¿Estás de acuerdo con la afirmación de que la educación nos abre oportunidades que nos hacen más libres? Razona la respuesta.

2 Valores éticos y valores cívicos

2.1 Los valores éticos

Los valores éticos son los más importantes en la vida, porque guían nuestras relaciones, directas e indirectas, con las demás personas, orientan nuestras acciones y nos impulsan a ser humanamente mejores, ayudándonos a elegir cómo queremos ser y qué debemos hacer.

Son valores que están presentes en todos los órdenes de la vida privada y pública, individual y social, y en ellos se basan las normas que regulan nuestra convivencia, sin las que no podríamos vivir.

Los valores éticos reciben también el nombre de valores sociales cuando son valores que una determinada comunidad considera importantes para su funcionamiento armónico y para la felicidad de todos sus miembros; por ejemplo, la cortesía, la confianza, la alegría o la amistad.

A partir de la Edad Moderna, en el siglo XVII, en la que se produce una progresiva división y separación entre el individuo y la sociedad, también se establece una diferencia entre los valores, ideales e intereses de la sociedad y los del individuo.

En esa diferenciación podemos encontrar el origen de la distinción actual entre valores éticos y valores cívicos. Los valores éticos serían las normas que dirigen el comportamiento del individuo en su relación directa con las personas y los valores cívicos serían aquellos que se le piden como miembro de una sociedad civil, democrática.

En tanto que miembros de la sociedad en la que vivimos, conviene que compartamos y respetemos unos valores.

2.2 Los valores cívicos

Los valores cívicos se pueden considerar como una extensión de los valores éticos a nuestra vida actual en un Estado democrático.

En la época clásica de Grecia y de Roma no existía una diferencia entre valores éticos y valores cívicos. Por ejemplo, para Aristóteles, las virtudes éticas o morales pertenecen a la actividad en la vida pública, pues la participación en los asuntos políticos, de la polis, era lo que hacía que el individuo fuera considerado un «ciudadano».

La prudencia, la justicia, la templanza y la fortaleza eran virtudes éticas, pues adquirían su valor en relación con la sociedad; es decir, se basaban en los valores cívicos.

En la actualidad se suelen entender por valores cívicos aquellas actitudes, ideales y creencias que promueven una participación democrática activa y el compromiso con la convivencia de la ciudadanía.

Son ejemplos de valores cívicos, entre otros: el cumplimiento de las leyes; el cuidado y el respeto por lo público; las posturas activas en favor de la igualdad, en general, y de género, en particular; el diálogo y el pacifismo como métodos de resolución de conflictos; la participación ciudadana y la tolerancia; la responsabilidad social en nuestra actividad profesional y personal; la solidaridad efectiva cumpliendo nuestras obligaciones fiscales.

Todos estos valores se recogen en la Declaración Universal de los Derechos Humanos y en las constituciones democráticas.

La sociedad civil se compone de todas aquellas organizaciones creadas por la ciudadanía al margen de las instituciones políticas.

2.3 La sociedad civil

En un Estado moderno coexisten dos tipos de realidades sociales:

a) Las instituciones que son la expresión del poder político, como el Gobierno, el Parlamento, los Gobiernos regionales, los ayuntamientos, los juzgados, el ejército...

b) Las instituciones creadas por la ciudadanía en el ejercicio de su libertad de asociación: partidos políticos, asociaciones de vecinos, sindicatos, ONG, comunidades religiosas, clubes deportivos...

   Estas instituciones son independientes, generalmente no tienen carácter lucrativo y se forman por el interés de la ciudadanía en realizar unos objetivos, intereses o ideas en el ámbito público. Esto es lo que llamamos «sociedad civil».

Comprende, piensa, investiga...

1 Explica la relación y la diferencia entre los «valores éticos» y los «valores cívicos».

2 Elaborad un panel con aquellas acciones y actitudes que pensáis que reflejan bien los valores cívicos en el centro escolar.

3 Investiga sobre Alexis de Tocqueville y su idea de la sociedad civil.

3 Los valores en la democracia

3.1 Los sofistas y el relativismo

En la Atenas democrática del siglo V a. C., los sofistas descubrieron que en la política era fundamental el arte de vencer con la palabra para conseguir los objetivos deseados.

En Atenas, en el siglo V a. C., nació la primera sociedad democrática que conocemos y en ella ejerció una gran influencia un grupo de pensadores conocidos como los sofistas.

En la democracia ateniense, un «ciudadano» que quisiera dedicarse a la política tenía que ser hábil y eficaz en el uso de la palabra, es decir, en la retórica, y a esta necesidad respondían las enseñanzas de los sofistas, que preparaban a los varones jóvenes para la actividad política. Ahora bien, su objetivo prioritario no era convencer, sino «hacer más fuertes los discursos débiles» y vencer al adversario reduciéndolo al silencio.

Observando las nuevas costumbres democráticas, la mayoría de los sofistas llegaron a la conclusión de que tanto las leyes o normas jurídicas como las morales dependían de lo que decidiesen los «ciudadanos» en cada lugar. Es decir, no hay leyes objetivas válidas para todo el mundo y todas las partes. Eso es lo que conocemos como relativismo, y el sofista más influyente de la época, Protágoras, lo caracterizaba con estas palabras: «El hombre es la medida de todas las cosas».

3.2 Sócrates y el objetivismo moral

Frente a los sofistas, Sócrates opuso su doctrina, llamada «intelectualismo moral», según la cual para obrar bien, tanto en la vida moral como en la política, tenemos que saber antes qué es el bien. Lo que es bueno y justo lo es siempre y en cualquier circunstancia, digan lo que digan las personas y las leyes, por lo que conocerlo es fundamental para juzgar las acciones humanas.

Así pues, hay valores, como la valentía, la generosidad o la amistad, que son verdades eternas e inmutables que podemos conocer y que sirven para juzgar de modo objetivo cualquier caso o situación concretos. Esta es la primera formulación de la teoría que se conoce con el nombre de «objetivismo moral».

3.3 Consecuencias de la ausencia de valores

Tanto los sofistas como Sócrates admitían la necesidad de valores cívicos en una democracia, aunque, como hemos visto, con un sentido muy diferente.

En una agrupación de individuos iguales y libres como es una democracia, las normas y los valores aceptados por todos sus miembros deben ser consensuados. En una sociedad tribal o en un clan, al estar fundados en la fuerza de una autoridad indiscutible y en los lazos de sangre, basta con seguir la costumbre y con la obediencia al jefe.

Esto es lo que posiblemente no entendieron algunos sofistas como Trasímaco, quien afirmaba que la ley está al servicio de los poderosos para hacer creer al pueblo que es bueno lo que a ellos les beneficia, o Calicles, que atribuía valores altruistas como la justicia, la compasión o el autocontrol a la masa débil pero mayoritaria, para eliminar su servidumbre respecto de la voluntad de los individuos más fuertes.

Tanto Trasímaco como Calicles reflejan una interpretación de la democracia ateniense hecha a partir del modelo de gobierno de las tiranías aristocráticas, dominante fuera de Atenas: solo veían en la vida de la polis dominadores y dominados.

La corrupción política, la mentira, la intolerancia o la violación de derechos humanos son consecuencias del abuso del poder de individuos particulares, y son contrarios a los valores éticos y cívicos democráticos. Ahora bien, sus consecuencias también son muy negativas para la sociedad, ya que van contra el bien común, destruyen la confianza de la ciudadanía en la democracia y constituyen un mal ejemplo que desmoraliza a toda la sociedad llevándola, incluso, a la anarquía.

En nuestras sociedades democráticas es aceptable y conveniente un sano relativismo que contrarreste la pretensión de imponer como verdades dogmáticas algunos principios o ideas propios de grupos y de individuos particulares. Pero el relativismo es sano solo si es compatible con los derechos humanos.

Comprende, piensa, investiga...

1 Sitúa históricamente a los autores que se citan y haz una ficha con sus afirmaciones fundamentales sobre los valores.

2 Explica qué es el relativismo de los valores. Pon algún ejemplo de actitud o afirmación relativista que hayas observado.

3 **Justificar.** ¿Qué valores morales se consideran objetivos en las sociedades democráticas? Razona tu respuesta.

En las sociedades democráticas, es inaceptable la violación de los derechos humanos, que son el fundamento de los valores y de las normas que rigen la vida ciudadana.

4 Educación y ciudadanía

4.1 Vivir en una sociedad plural

A diferencia de lo que ocurre en las sociedades cerradas y autoritarias, en nuestras sociedades democráticas (abiertas al conocimiento o a las influencias de otras culturas y civilizaciones por el influjo de las corrientes migratorias, los medios de comunicación y las redes sociales) vivimos rodeados de personas con distintos valores y concepciones morales, diferentes modos de vida y creencias religiosas o filosóficas diversas. Nuestra sociedad es una sociedad pluralista.

El pluralismo plantea dificultades y, a veces, es fuente de prejuicios y provoca discriminaciones, pero es también enriquecedor. En su aspecto político, la posibilidad de que existan diferentes ideologías y partidos es uno de los derechos humanos fundamentales.

No podemos olvidar que una sociedad completamente homogénea es inviable, perjudicial para la propia dinámica de la sociedad y, además, un ideal antidemocrático que quedó derrotado con el nazismo en la Segunda Guerra Mundial.

4.2 Pluralismo y valores éticos

En nuestras sociedades pluralistas no sería posible la convivencia si la ciudadanía no compartiera algunos valores comunes.

Vivimos en sociedades muy plurales en las que conviven distintas concepciones morales, modos de vida diferentes y creencias religiosas y filosóficas diversas.

Imaginaos un país en el que existe una influyente comunidad de personas vegetarianas convencidas; es decir, que consideran el consumo de carne algo reprobable moralmente por basarse en el sacrificio de animales y, por tanto, pensasen que todos los demás deberían compartir ese valor. Ahora bien, otra parte de la sociedad con menos poder no comparte ese planteamiento y reclama su derecho a consumir carne. Si no hubiera otros valores que ambos grupos compartiesen, ¿sería posible que convivieran en la misma sociedad?

Las diferencias de valores y de modos de vida son una riqueza de las democracias y favorecen su dinamismo, pero por sí solas provocarían conflictos continuamente; por eso son necesarios valores comunes compartidos que hagan de vínculo real, afectivo y emocional entre la ciudadanía y faciliten las relaciones mutuas recíprocamente beneficiosas entre las diferentes comunidades de una sociedad. Esos valores comunes compartidos son los valores cívicos.

La diversidad de valores y de modos de vida son una gran riqueza de nuestras sociedades.

4.3 Convivencia ciudadana

¿Significa esto que no podemos tener unos valores que no sean comunes a todos los miembros de la sociedad? ¿No existe el derecho a ser diferentes? Precisamente uno de los problemas que tienen que resolver las sociedades democráticas es la integración de las comunidades que tienen valores distintos o no compartidos por la mayoría.

Algunos filósofos, sociólogos o expertos en relaciones sociales proponen un criterio que guíe la relación entre los diferentes valores que conviven en una sociedad pluralista: los valores compartidos mínimos deben coexistir con los valores diferenciales máximos.

Según ese criterio, los valores en los que se basa nuestra convivencia, los valores cívicos, son lo mínimo exigible a cualquier grupo o individuo por ser ciudadanos y ciudadanas de una sociedad democrática, como, por ejemplo, la tolerancia, mientras que los valores que nos distinguen de los demás son máximos que no se le pueden exigir al resto de la ciudadanía, aunque se pueden proponer para una aceptación libre; por ejemplo, cada cual puede tener las creencias religiosas que quiera siempre que sean compatibles con los derechos humanos.

No obstante, para conseguir una relación intercultural entre grupos con diferentes valores y no quedarse en una simple coexistencia pacífica entre guetos se requiere voluntad política de acercamiento y fortaleza moral para conocer a los diferentes.

Comprende, piensa, investiga...

1. En equipo, buscad información sobre grupos con valores y modos de vida específicos y preparad una exposición sobre ellos para toda la clase.
2. Descubrid qué valores cívicos comparten esos grupos.
3. Debatid sobre cuáles son los valores cívicos básicos en las sociedades democráticas. Acordad entre todos una lista.

Aplica tus competencias

Los valores morales y los valores cívicos son esenciales para el correcto funcionamiento de la sociedad, pues impulsan a los individuos a hacer el bien y a ayudar a sus conciudadanos.

El valor cívico de un ser humano

La novela de Harper Lee *Matar a un ruiseñor* está ambientada en la época de la Gran Depresión y fue galardonada con el Premio Pulitzer en 1961.

En ella, Scout Finch evoca una época de su infancia en el antaño estado esclavista de Alabama (Estados Unidos), cuando su padre, Atticus, el ciudadano más respetable de la ciudad, defendió en los tribunales a un hombre negro acusado de violar a una mujer blanca.

Aunque la inocencia del acusado era evidente, el veredicto del jurado en su contra era tan previsible que ningún abogado aceptó el caso, excepto Atticus Finch. Su compasiva y valiente defensa de un inocente le granjeó enemistades, pero le otorgó el respeto y la admiración de sus dos hijos, huérfanos de madre.

La novela muestra una comunidad dominada por los prejuicios raciales, la desconfianza hacia lo diferente, la rigidez de los vínculos familiares y vecinales, y un sistema judicial sin garantías para la población negra.

La película homónima es también una obra maestra, con un magnífico guion, llena de matices, con mensaje y exquisita sensibilidad sin caer en la sensiblería.

Su adaptación al cine supuso un alegato contra el racismo y es la representación de una vida ejemplar de compromiso con los valores cívicos en la contenida y maravillosa interpretación de Gregory Peck.

Comprende el texto y exprésate

1 **Evaluar.** Si fueras el protagonista de esta historia, ¿aceptarías defender a un inocente en esas condiciones, o bien las enemistades que ese compromiso te granjearía te llevarían a no hacerlo?

2 **Ejemplificar.** Ahora piensa en un caso concreto: ¿defenderías a un compañero o a una compañera con el que se están metiendo otros chicos o chicas?

3 **Justificar.** El periodista Marc Bassets dijo de esta obra: «La novela tiene algo de Biblia civil, de manual de ciudadanía que enseña a los jóvenes a respetar al prójimo, a ponerse en su piel». ¿Estás de acuerdo con que en la novela se ensalzan los valores cívicos? Razona tu respuesta.

Buscad información

4 Organizaos en grupos y buscad información sobre la Gran Depresión. ¿En qué consiste este hecho histórico? ¿Cuáles fueron sus causas? ¿Qué consecuencias políticas y sociales tuvo, tanto en Europa y en el mundo como, en particular, en Estados Unidos?

Reflexionad y debatid

5 Leed la novela o ved la película. Haced un debate en clase sobre una o sobre la otra. El objetivo es que vayáis analizando y exponiendo vuestra opinión sobre cada uno de los personajes y que identifiquéis las actitudes y los valores que los caracterizan.

Los valores en la historia

La justicia como imparcialidad según Rawls

John Rawls (1921-2002) fue un filósofo político estadounidense cuyas teorías sobre la justicia en la sociedad democrática han tenido una gran influencia y difusión. Su libro más importante fue, precisamente, *Teoría de la justicia,* que es una teoría general de la sociedad más que un tratado de la justicia de las acciones humanas.

Como hipótesis, Rawls afirma que las personas en una situación original de ignorancia («velo de ignorancia», la llama) respecto a su lugar en la sociedad, considerarían necesario contar con algunos principios de justicia. Supone, además, que dicho acuerdo es posible porque personas libres y racionales que quisieran conseguir sus intereses aceptarían partir de una posición inicial de igualdad. A esto lo llama justicia como imparcialidad o equidad.

Justicia e igualdad son los dos principios que han de regular todos los acuerdos posteriores entre las personas: sea el modo de distribución de los derechos y de los deberes, sea el reparto de las oportunidades y de las ventajas que crea la cooperación social.

Uno de los principios de justicia que se daría ya en el origen, en la situación original de ignorancia, sería que las desigualdades sociales y económicas deben cumplir dos condiciones:

- Deben estar asociadas a cargos y posiciones abiertos a toda la ciudadanía en las condiciones de una equitativa igualdad de oportunidades.
- Deben procurar el máximo beneficio de aquellos miembros menos aventajados de una sociedad.

emprender aprender

Realizamos una entrevista

Imaginaos que el señor Atticus Finch, el personaje encarnado de forma soberbia por el actor Gregory Peck en la película *Matar a un ruiseñor,* llega a vuestro centro educativo.

Queréis hacerle una entrevista para publicarla en la revista del centro escolar. Como sabéis de antemano la fecha de la visita, tenéis tiempo suficiente para prepararla.

El señor Atticus Finch nos visita

Recibimos a un ciudadano ejemplar

En próximas fechas, el famoso abogado Atticus Finch visitará nuestro centro educativo para impartir una conferencia sobre los valores cívicos.

Convocatoria

Con motivo de la visita del señor Atticus Finch a nuestro centro educativo, convocamos a todo el alumnado de la ESO para que asista a su conferencia titulada «Los valores cívicos ayudan a mejorar la sociedad en la que vivimos».

Una vez terminada su disertación, se abrirá un turno de preguntas entre el alumnado y, a continuación, se realizará una rueda de prensa para los medios locales y la revista escolar.

CONOCEMOS A ATTICUS FINCH

Para preparar la entrevista, podéis tener encuentra las siguiente pautas:

- Elegid a un compañero o compañera que haga de Atticus Finch.
- El resto, reuníos para poner en común todos los datos que conocéis del personaje.
- En grupos, elaborad las preguntas que queréis plantear para conocer mejor a Atticus Finch y para entender las razones de su comportamiento.
- Entre todos, seleccionad las preguntas, descartando las intrascendentes o improcedentes.
- Distribuid las preguntas entre quienes van a representar a los redactores de la revista y tomad nota de las respuestas de Atticus Finch.
- Por último, individualmente debéis redactar la entrevista para que sea publicada en la revista del centro. ¡No olvidéis firmarla!

7

Derechos humanos y constituciones

De la guerra a la unión

La destrucción que se produjo en la Segunda Guerra Mundial obligó a los dirigentes políticos a pensar en la conveniencia de unirse para evitar conflictos bélicos y defender la paz.

El resultado de sus acuerdos fue la creación de la Organización de las Naciones Unidas (ONU), que en la actualidad incluye a casi doscientos países.

Los miembros de la ONU redactaron la Declaración Universal de los Derechos Humanos, para proteger a todas las personas. En ella se establece que el poder político procede del pueblo y que debe haber elecciones libres, por lo que refuerza los modelos democráticos.

También fundamenta los sistemas de gobierno que promueven la igualdad y la libertad, por lo que sirve de apoyo para los Estados de derecho, en los que nadie está por encima de la ley y que, frecuentemente, son constitucionales.

En el caso de España, en la Constitución de 1978 se defienden los derechos humanos.

En esta unidad vas a estudiar

1 La creación de la ONU y la redacción de la Declaración Universal de los Derechos Humanos.

2 En esta Declaración se fundamenta la democracia.

3 Los Estados constitucionales de derecho.

4 Valores y derechos en la Constitución española.

Reflexionamos

¿Qué es la ONU?

La maestra Laura entró en el aula dando saltos, agitando un enorme sobre azul en el que estaba escrito, con unas letras grandes y rojas: «Escuela Miravalle. Pueblo de Robledo, n.º 9».

—¡Léala, por favor! —le pidió Cheng saltando en su pupitre.

El señor Mundo llevaba varios meses de visita por los gobiernos de los países, intentando concienciarles sobre los problemas del planeta. [...]

Dos días antes, a muchos kilómetros de distancia, en la sede de las Naciones Unidas estaba teniendo lugar una importante reunión. Representantes de todos los gobiernos debatían los problemas más importantes del planeta. [...]

A Cheng y a Asiri les gustaría saber mucho más de lo que está ocurriendo en ese lugar tan raro que se llama Naciones Unidas.

—Señor Mundo, ¿qué es la ONU?

—Hace algunos años, no muchos, pero bastantes más de los que tienes tú, hubo una terrible guerra en la que se vieron implicados muchos países. Se llamó la Segunda Guerra Mundial. Fue tan triste y destructiva que, cuando terminó, todo el mundo quería paz y más justicia para los cinco continentes. Los pueblos del mundo se comprometieron a lograrlo. [...] En 1945, en la ciudad de San Francisco, en Estados Unidos, se reunieron representantes de cincuenta países. Hablaron durante mucho tiempo, hasta que, por fin, se pusieron de acuerdo y fundaron la Organización de las Naciones Unidas.

—Pero no entiendo muy bien qué es —dijo Asiri.

—A ver cómo os lo explico —contestó el señor Mundo—. Imaginaos que os juntáis varios amigos para formar una pandilla. Os reunís los viernes, después del colegio, en el patio, y habláis sobre las cosas que os han ocurrido y sobre otras que queréis hacer. Por ejemplo, si ha habido peleas, intentáis resolverlas, actuando como árbitros de un partido.

Colectivo Yedra, *En busca de los Objetivos del Milenio,* 1, Los Libros de la Catarata.

Dialogamos

1 ¿Cómo crees que continuará la explicación del señor Mundo? ¿Sabes qué es la ONU y cómo funciona?

2 Debatid si en una organización en la que participan muchos países todos deben tener la misma importancia para tomar decisiones.

1 La ONU y los derechos humanos

1.1 Una declaración y una carta

El año 1941 fue muy duro para la mayor parte de los habitantes del mundo. En mitad de la Segunda Guerra Mundial, acabando ese año, Japón atacó Pearl Harbour (Hawái) y Alemania e Italia se sumaron a la declaración de guerra contra Estados Unidos.

Como respuesta, el primer día del año siguiente se firmó una declaración en la que participaban los presidentes de Estados Unidos, Gran Bretaña, China y la Unión Soviética (actual Rusia) que se conoce como la Declaración de las Naciones Unidas. Un día después se adhirieron otros veintidós países enemigos de Alemania. Posteriormente, fueron sumándose otros.

A finales de junio del año 1945, cincuenta países aprobaron la Carta de las Naciones Unidas, pocos días antes de que Japón se rindiera.

Así pues, el origen de la Organización de las Naciones Unidas (ONU), cuyo objetivo es mantener las relaciones pacíficas entre los países, estuvo directamente ligado a la guerra más cruel que ha ocurrido en la historia de la humanidad: el sufrimiento y el miedo llevaron a la unión.

1.2 Unidos para conseguir la paz

No es, pues, extraño que en el Preámbulo de la Carta de las Naciones Unidas, los países firmantes se comprometieran a procurar evitar las guerras en el futuro. El primer artículo de la Carta señala como primer propósito de las Naciones Unidas:

Consecuencias del ataque japonés a la base estadounidense de Pearl Harbour en el año 1941, que provocó la entrada de Estados Unidos en la Segunda Guerra Mundial.

«Mantener la paz y la seguridad internacionales, y con tal fin: tomar medidas colectivas eficaces para prevenir y eliminar amenazas a la paz, y para suprimir actos de agresión u otros quebrantamientos de la paz; y lograr por medios pacíficos, y de conformidad con los principios de la justicia y del derecho internacional, el ajuste o arreglo de controversias o situaciones internacionales susceptibles de conducir a quebrantamientos de la paz». Pero no se limitaron a establecer acuerdos militares de no agresión o de defensa, sino que decidieron promover las condiciones para una vida próspera y justa, y defender la dignidad, el valor y los derechos fundamentales de los seres humanos.

La Declaración Universal de los Derechos Humanos en 1948 fue una consecuencia de los terribles y crueles acontecimientos que sucedieron durante la Segunda Guerra Mundial.

1.3 Los derechos humanos y las leyes

La Declaración Universal de los Derechos Humanos se debatió durante los años 1947 y 1948, y se aprobó el 10 de diciembre de 1948.

Esta Declaración establece principios comunes para todos los países y fundamenta las leyes internacionales y nacionales; por ello, quienes se adhieren a ella se comprometen a comportarse lealmente con los firmantes de la misma y a que la legislación de cada país respete esos derechos.

El artículo octavo de la Declaración establece que «toda persona tiene derecho a un recurso efectivo ante los tribunales nacionales competentes que la ampare contra actos que violen sus derechos fundamentales reconocidos por la constitución o por la ley».

Así pues, el compromiso de los países firmantes obliga a adaptar sus leyes para que se respeten los derechos humanos.

1.4 Los derechos humanos y la democracia

Según el primer punto del artículo 21 de la Declaración, toda persona tiene derecho a participar en el gobierno de su país, directamente o por medio de representantes libremente escogidos. Y según el tercer punto, la voluntad del pueblo es la base de la autoridad del poder público, voluntad que se expresa mediante elecciones que han de celebrarse periódicamente, por sufragio universal y mediante un procedimiento secreto o equivalente que garantice la libertad de voto.

Por tanto, no es extraño que las democracias de los siglos XX y XXI encuentren su fundamento en esta Declaración.

Comprende, piensa, investiga...

1. Investigad sobre la Declaración Universal de los Derechos Humanos, su contenido y su estructura.
2. Explica qué significa que la Declaración Universal de los Derechos Humanos es fundamento de la ley y de la democracia.
3. La Declaración Universal de los Derechos Humanos obliga a que las relaciones entre los países sean pacíficas. Debatid sobre si la ONU se entromete en los asuntos internos de los países cuando interviene para mantener la paz.

2 Democracia y Estado de derecho

2.1 La voluntad del pueblo

Los países miembros de la ONU están obligados a cumplir con las normas de esa organización. Y según se señala en ellas, el fundamento de la autoridad del poder político radica en la voluntad del pueblo. Eso es lo que significa la palabra «democracia»: si hablamos de teoría, es la doctrina política favorable a la intervención del pueblo en el gobierno, y si nos fijamos en la práctica, consiste en el predominio del pueblo en el gobierno político de un Estado.

Como, además, la Declaración Universal de los Derechos Humanos establece que deben celebrarse elecciones periódicas, no es raro que muchos de los Estados actuales tengan la forma de democracias representativas.

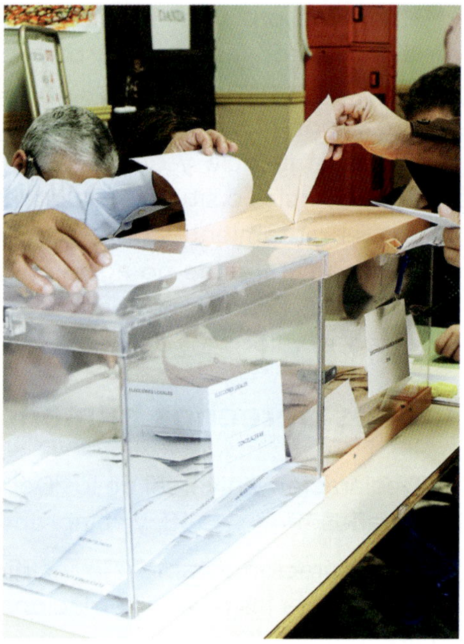

En las democracias representativas actuales, el pueblo participa en el gobierno eligiendo a los cargos políticos mediante sufragio universal.

2.2 Elecciones auténticas

La terrible experiencia que supusieron las guerras mundiales no solo llevó a los contendientes a buscar acuerdos y fundar uniones y organizaciones que les permitieran relacionarse pacíficamente, sino que también los obligó a buscar formas políticas socialmente estables.

La derrota de Alemania, de Italia y de Japón significó el descrédito de los regímenes autoritarios con líderes dispuestos a someter violentamente a sus enemigos, tanto internos como externos. Para evitar ese peligro, muchos países cumplen los derechos humanos protegiendo las libertades políticas, la pluralidad de partidos y la elección de representantes mediante votaciones periódicas.

Así ocurre en lugares como Estados Unidos, Gran Bretaña, Francia, Alemania, Italia, Rusia o Japón. Como se ve, tanto los vencedores como los perdedores de la Segunda Guerra Mundial han terminado convergiendo en un sistema que permite que los presidentes sean escogidos con mecanismos democráticos.

2.3 Las democracias representativas

En países con millones de habitantes es imposible que el pueblo se reúna para tomar decisiones políticas. Si se pretende mantener un sistema democrático, por tanto, se hace necesario encontrar un modo eficaz de que la ciudadanía pueda opinar, apoyar las decisiones o rechazar a quienes las toman.

Esto se consigue mediante la elección de representantes. Se convocan votaciones para escoger quiénes dirigirán las instituciones políticas, como pueden ser los ayuntamientos o el gobierno del país.

Lo más habitual es que las personas que se presentan para ocupar los cargos públicos estén, a su vez, organizadas en torno a partidos políticos, que se distinguen entre sí porque defienden principios sociales y económicos diferentes, aunque dentro del respeto al sistema general en el que participan; es decir, todos los partidos deben comprometerse a aceptar las reglas del juego, a cumplir la ley, a seguir convocando elecciones y a asumir los resultados.

2.4 Estados de derecho

En un Estado de derecho, nadie está por encima de la ley, ni siquiera el Gobierno. No puede haber tiranos ni dictadores que hagan lo que les dé la gana. Y tampoco se puede castigar a nadie porque haga algo que no sea ilegal.

Quizá nos parezca evidente que esto debe ser así o incluso creamos que es lo normal, pero no es cierto. La historia está llena de ejemplos en los que la ley es el resultado del capricho de las personas que ostentan el poder y se aplica de forma desigual según a quién. Incluso hay clases privilegiadas que tienen sus propias leyes.

Muchos de los artículos de la Declaración Universal de los Derechos Humanos promueven Estados de derecho. Estos son sistemas en los que, de acuerdo con esta Declaración:

a) La ley es igual para todos los españoles y españolas (artículo 7).

b) Solo se puede detener a quienes cometen algún delito (artículo 9).

c) Los tribunales de justicia son independientes e imparciales (artículo 10).

d) Hay libertad de pensamiento y de expresión (artículos 18 y 19).

e) La única limitación para disfrutar de la libertad es la que establecen las leyes (artículo 29).

Los Estados de derecho suelen ser constitucionales, es decir, se rigen mediante una constitución, que es la ley básica en la que se apoyan todas las demás leyes, que han de ajustarse a ella, y que establece los principios fundamentales de la sociedad.

Comprende, piensa, investiga...

1 Define los siguientes conceptos: democracia representativa y Estado de derecho.

2 **Justificar.** ¿Crees que la Declaración Universal de los Derechos Humanos influye en la política de los diferentes países? Explica tu respuesta.

3 Según la Declaración Universal de los Derechos Humanos, las elecciones han de ser «auténticas». Averigua en qué consiste ser observador u observadora electoral y menciona alguna ocasión en la que hayan tenido que intervenir.

En un Estado de derecho es esencial que los tribunales de justicia sean independientes e imparciales.

3 Estados constitucionales

3.1 Tener o no tener una constitución

No es imprescindible que un país tenga una constitución para que sea un Estado de derecho, aunque este tipo de documentos ofrecen una buena garantía de que existan y se respeten unos principios generales claros y bien conocidos que sirvan de orientación ante cualquier diferencia sobre asuntos que afecten al Estado.

La ciudadanía de un país en el que hay una constitución puede recurrir a ella para conocer sus derechos y sus obligaciones generales. Si, además, se trata de una constitución que ha sido votada por el pueblo, entonces se aprecia más claramente el carácter democrático de las leyes, de modo que el deber moral que adquiere el pueblo para obedecerlas es más evidente.

Aunque la Declaración Universal de los Derechos Humanos no obliga a tener una constitución, suele ocurrir que aquellos países que deciden redactar una se inspiran en los artículos fundamentales de esa Declaración. En el Preámbulo de la Declaración Universal de los Derechos Humanos se considera esencial que los derechos humanos sean protegidos por un régimen de derecho para que la ciudadanía no se vea obligada a rebelarse contra la tiranía.

En este sentido, en el artículo 10 de la Constitución española se dice: «Las normas relativas a los derechos fundamentales y a las libertades que la Constitución reconoce se interpretarán de conformidad con la Declaración Universal de los Derechos Humanos».

Pilares de hormigón en los que están grabados artículos de la Declaración Universal de los Derechos Humanos en la calle de Los Derechos Humanos, Núremberg, Alemania.

3.2 La constitución garantiza derechos

Una constitución que sea conforme a la Declaración Universal de los Derechos Humanos asegurará que la ciudadanías de ese país pueda acogerse y reclamar sus derechos. La igualdad y la libertad estarán garantizadas para quienes forman parte de esa comunidad política.

Es más, habrá un tribunal constitucional que asegure que nadie, ni siquiera el Gobierno, haga algo ilegal y se sitúe por encima de la ley.

Cualquier decreto u orden que vaya contra la constitución podrá ser rechazado mediante la resolución que se adopte en ese tribunal.

Esta capacidad se asienta en la división de poderes, que constituye una de las herramientas más eficaces de los sistemas democráticos. El Parlamento puede redactar leyes y el Gobierno ejecutarlas, pero el encargado de administrar la justicia es el poder judicial.

Libertades como las de pensamiento o de expresión estarán protegidas por las constituciones que se redacten inspirándose en la Declaración Universal de los Derechos Humanos.

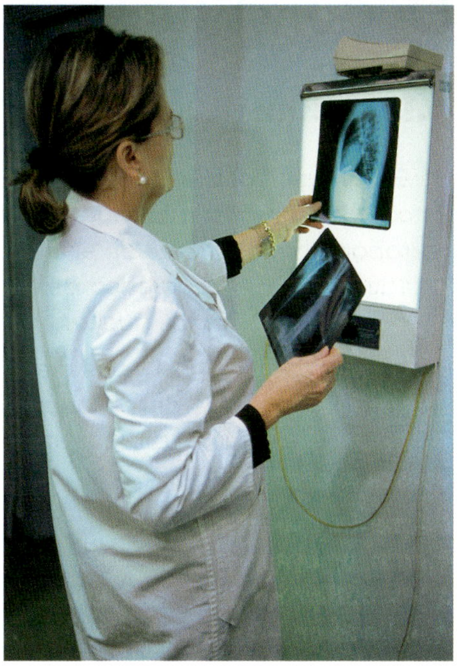

Es obligación de todos los ciudadanos sufragar los servicios públicos mediante el pago de impuestos.

3.3 La constitución establece deberes

Pero, de la misma manera que las constituciones recogen los derechos de la ciudadanía, también establecen cuáles son sus obligaciones. Una sociedad no funciona si sus componentes pueden hacer todo lo que les plazca.

Por ejemplo, los servicios públicos son valiosos para asegurar derechos como el de la educación o el de la sanidad a toda la población. Sin embargo, solo pueden mantenerse gracias a la aportación que realizan los habitantes mediante el pago de impuestos.

De ahí se deduce la obligación fiscal que toda la ciudadanía tiene. El esfuerzo conjunto nos permite conseguir bienes que, de otra manera, serían sueños irrealizables para la mayoría.

Lo que debe procurar una constitución es que la correlación entre derechos y deberes sea adecuada. No puede cargar a la ciudadanía con excesivas obligaciones, convirtiéndolos en súbditos completamente sometidos.

Para que el equilibrio sea óptimo, para que podamos conseguir una convivencia justa, la ética nos ayuda a conocer los valores y a determinar su importancia.

Comprende, piensa, investiga...

1 Algunos de los derechos que aparecen en la Constitución española se corresponden con algunos deberes. Encuéntralos y asócialos.

2 Comentad el primer apartado del artículo 21 de la Constitución española: «Todos contribuirán al sostenimiento de los gastos públicos de acuerdo con su capacidad económica mediante un sistema tributario justo inspirado en los principios de igualdad y progresividad que, en ningún caso, tendrá alcance confiscatorio». Explicad su sentido e importancia.

3 Elaborad una tabla comparativa entre el Capítulo segundo («Derechos y libertades») del Título I («De los derechos y deberes fundamentales») de la Constitución española y la Declaración Universal de los Derechos Humanos.

4 La Constitución y los valores

4.1 La Constitución española y la democracia

En España se votó la aprobación de la Constitución en el año 1978. Esto le da un carácter democrático en su origen, que, además, queda corroborado claramente en el artículo 1: «España se constituye en un Estado social y democrático de derecho...» y «La soberanía nacional reside en el pueblo, del que emanan los poderes del Estado».

En el Preámbulo también se señala que la Constitución pretende consolidar un Estado de derecho que asegure el imperio de la ley como expresión de la «voluntad popular» y establecer una sociedad democrática avanzada.

Por tanto, más allá de que haya sido apoyada por el pueblo en su momento, en ella se indica que los poderes no pertenecen en propiedad a los gobiernos, sino que estos los desempeñan por la delegación que hace en ellos la ciudadanía mediante la representatividad electoral: las Cortes Generales (con sus dos cámaras, Congreso de los Diputados y Senado) representan al pueblo español (artículo 66). Los diputados del Congreso y los senadores son elegidos por sufragio universal, libre, igual, directo y secreto (artículos 68 y 69).

4.2 Valores de la Constitución española

El Preámbulo de la Constitución comienza con la expresión del deseo de establecer la justicia, la libertad y la seguridad, así como promover el bien de los integrantes de la nación española.

Para ello, subraya el compromiso de garantizar la convivencia democrática dentro de la Constitución y de las leyes conforme a un orden económico y social justo, aclarando que pretende asegurar para la ciudadanía una calidad de vida digna.

Es evidente, por tanto, la referencia a valores morales fundamentales como la justicia, la libertad e, incluso, el bien. Al comienzo del Título preliminar, a los anteriores valores se añaden la igualdad (que, junto a la libertad, deberá ser promovida por los poderes públicos para que sea real y efectiva) y el pluralismo político.

Este último aspecto se desarrolla en el artículo 6, según el cual los partidos políticos expresan el pluralismo político y concurren a la formación y manifestación de la voluntad popular. Encontramos, por tanto, de nuevo, la fundamentación democrática subrayada como fuente de la legitimidad de quienes están llamados a gobernar como representantes del pueblo. Desde este punto de vista, en el mismo artículo se apunta también que la estructura interna y el funcionamiento de los partidos deberán ser democráticos.

La libertad de expresión es esencial para mantener el pluralismo político en una democracia.

4.3 Una Constitución para la ciudadanía

Más allá de los derechos a la vida, a la dignidad y a la igualdad ante la ley, la Constitución detalla una serie de libertades fundamentales de las que la ciudadanía puede disfrutar para el desarrollo de sus ideales políticos y personales, entre las que podemos destacar:

Los derechos al trabajo y a la libertad de empresa son dos de los derechos reconocidos en la Constitución española.

a) La libertad ideológica, religiosa y de culto, sin más limitación que la necesaria para el mantenimiento del orden público.

b) La libertad de movimientos, no pudiendo ser detenidos preventivamente más de lo necesario para aclarar los hechos, con un máximo de 72 horas.

c) La libertad de circulación y de elegir el lugar de residencia.

d) La libertad de expresión.

e) La libertad de cátedra.

f) La libertad para asociarse y formar sindicatos que defiendan los derechos de los trabajadores.

g) La libertad de empresa.

Pero no todo son derechos o libertades. La Sección 2.ª del Capítulo segundo del Título primero de la Constitución detalla los deberes de la ciudadanía: defender el país, pagar impuestos, trabajar...

Comprende, piensa, investiga...

1 **Explicar.** Explica los límites a la libertad de expresión en la Constitución española: los derechos al honor, a la intimidad, a la propia imagen y a la protección de la juventud y de la infancia.

2 **Juzgar.** Interpreta y opina sobre la limitación constitucional para fundar o afiliarse a un sindicato: «La ley podrá limitar o exceptuar el ejercicio de este derecho a las Fuerzas o Institutos armados o a los demás Cuerpos sometidos a disciplina militar y regulará las peculiaridades de su ejercicio para los funcionarios públicos».

3 ¿Creéis que es posible redactar una constitución sin que se inspire en valores éticos? ¿Os parece que, en el caso de la Constitución española, se han escogido los más importantes?

Taller de valores

Aplica tus competencias

El cine es un arte y una forma de entretenimiento, pero, en ocasiones, también es una manera de adoptar un compromiso político, unas veces denunciando las injusticias cometidas por gobiernos, ejércitos y otros poderes, y otras veces aliándose con el poder político para defender sus ideas. En ambos casos, cabe hablar de cine de propaganda.

Leni Riefenstahl

Fue una extraordinaria fotógrafa y directora de cine alemana que recibió el encargo de rodar un documental sobre el partido nazi utilizando como escenario el congreso celebrado por esta organización en Núremberg en el año 1933. El resultado cinematográfico de ese trabajo fue la película titulada *El triunfo de la voluntad* (1934).

Leni Riefenstahl también rodó la primera película documental sobre unos juegos olímpicos; en este caso, sobre los que tuvieron lugar en Berlín en el año 1936.

Las obras cinematográficas de Leni Riefenstahl destacan estéticamente por un estilo sólido y singular. Sin embargo, su cine parece rendir tributo al nazismo y, en ese sentido, puede ser considerado propaganda de un régimen criminal.

Frank Capra

Tras la entrada de Estados Unidos en la Segunda Guerra Mundial, el gobierno estadounidense recurrió a la industria cinematográfica, muy potente en ese país, para tratar de unificar la opinión de la sociedad a favor de la participación en la guerra contra el nazismo.

Uno de los productos propagandísticos de esa iniciativa fue la película documental *¿Por qué luchamos?* (1943-1945), de Frank Capra. Su primera entrega ganó el Óscar al mejor documental.

A diferencia del encargo a Leni Riefenstahl, el que recibió Frank Capra provenía de un gobierno democrático y sirvió para dar a conocer a ciudadanos de muchos países las atrocidades que el nazismo estaba cometiendo en Europa.

Comprende el texto y exprésate

1 **Evaluar.** ¿Qué harías si el gobierno de tu país te encargase una película para dar a conocer sus logros políticos? Evalúa distintas situaciones; por ejemplo, las siguientes:

- Que ese gobierno fuera democrático y hubiera gobernado de acuerdo con la ley.
- Que ese gobierno, aunque fuese democrático, te pidiera que mintieras porque quiere ganar nuevamente las elecciones.
- Que recibes el encargo de un gobierno dictatorial y que sabes que ha violado los derechos humanos.

2 **Criticar.** ¿Consideras que existe propaganda beneficiosa o toda ella es engañosa?

3 **Justificar.** ¿Una obra de arte ha de ser valorada con independencia de sus ideales políticos?

4 **Justificar.** ¿Cabe separar la realización de un trabajo profesional —como, por ejemplo, filmar una película— de los fines políticos a los que sirva o para los que pueda ser utilizado?

Reflexionad y debatid

5 Debatid en clase sobre estas cuestiones y también analizad casos similares que puedan darse en otros ámbitos profesionales: policía, enseñanza, abogacía, medicina...

Los valores en la historia

Sudáfrica: la reconciliación a través del deporte

Nelson Mandela (1918-2013) fue un activista a favor de la igualdad de derechos de la población de raza negra en Sudáfrica.

Mandela estuvo encarcelado durante 27 años por sus actividades políticas, y solo consiguió la libertad en el año 1990 gracias a la presión internacional. En 1994 ganó las primeras elecciones libres y por sufragio universal celebradas en Sudáfrica y se convirtió en el primer presidente negro del país.

Cuando alcanzó la presidencia, lejos de buscar la revancha o la venganza a costa de la población blanca, su objetivo principal fue lograr la reconciliación nacional. Para conseguirlo, constituyó la Comisión para la Verdad y la Reconciliación, presidida por el obispo Desmond Tutu, que investigó los crímenes que se produjeron durante los años de la segregación racial, del *apartheid.*

El gesto más expresivo de la reconciliación y el perdón fue la entrega de la copa del mundo por parte de Mandela al capitán del equipo sudafricano de rugby en el mundial celebrado en su país en el año 1995. El rugby era considerado el deporte de la élite blanca, de ahí la importancia del acto de Mandela.

emprender aprender

Diseñamos un juego de mesa

La Constitución española de 1978 reconoce y garantiza, en el artículo 2, el derecho a la autonomía de las regiones y nacionalidades que componen nuestro país.

Como desarrollo de ese reconocimiento de autonomía, la estructura política y administrativa de España está organizada en diecisiete comunidades autónomas y dos ciudades autónomas (Ceuta y Melilla).

El objetivo del juego que vais a crear es informaros sobre los aspectos más relevantes de la comunidad autónoma en la que vivís y, en especial, conocer su estatuto de autonomía.

El Trivial autonómico

Organizaos para diseñar y fabricar en cartulina (o bien en formato digital) el tablero y convenid las reglas de este popular juego de mesa con propósito educativo.

También tendréis que elaborar las cartas que, a modo de fichas, contienen las preguntas y las respuestas. Las categorías que integran esas preguntas pueden ser las siguientes:

1 Geografía e historia: número de habitantes y de municipios de la comunidad autónoma; extensión, situación geográfica y espacios naturales de la comunidad; antecedentes históricos de la comunidad (territorio, gobernantes, fechas representativas).

2 Cultura: personajes célebres de la comunidad en política, literatura, música, etc., y monumentos, himno, bandera, fiesta de la comunidad...

3 Deporte: equipos deportivos de la comunidad, deportistas más conocidos...

4 Política: número de artículos, estructura y fecha de aprobación del estatuto de autonomía; instituciones de gobierno de la comunidad autónoma; derechos y deberes de los ciudadanos de la comunidad.

8

La Unión Europea

Qué significa ser europeos

A mediados del siglo xx, seis países de Europa occidental llegaron a unos acuerdos comerciales que afectaban al carbón y al acero, que, con el paso del tiempo, se ampliaron para dar lugar a la Comunidad Económica Europea y fueron admitiendo a nuevos países.

Lo que comenzó como una pequeña asociación comercial se ha convertido en un gran proyecto político con unas instituciones que permiten tomar decisiones de manera conjunta.

Entre esas instituciones, algunas ayudan a establecer normas y gestionar recursos entre todos; otras tienen carácter económico y respaldan una moneda común, e incluso existe un Tribunal Europeo de Justicia.

El hecho de pertenecer a la Unión Europea tiene muchas ventajas para los países miembros, pero también supone la obligación de cumplir con los acuerdos que se adoptan buscando el máximo beneficio común y respetando las peculiaridades de los diferentes Estados.

Para la ciudadanía, también es muy conveniente la pertenencia a la Unión Europea, pues supone mayores garantías para sus libertades y para sus derechos.

En esta unidad vas a estudiar

1. Cómo surgió y se desarrolló la Unión Europea.
2. Cuáles son las principales instituciones europeas.
3. Qué supone la Unión para los países que la integran.
4. Las ventajas para la ciudadanía de un país miembro de la Unión Europea.

Reflexionamos

Mejor unidos

Elrond les indicó a los hobbits que se acercaran. Miró gravemente a Frodo.

—Ha llegado la hora —dijo—. Si el Anillo ha de partir, que sea cuanto antes. Pero que quienes lo acompañan no cuenten con ningún apoyo, ni de guerra ni de fuerzas. Tendrán que entrar en los dominios del enemigo, lejos de toda ayuda. ¿Todavía mantienes tu palabra, Frodo, de que serás el Portador del Anillo?

—Sí —dijo Frodo—. Iré con Sam.

—Pues bien, no podré ayudarte mucho, ni siquiera con consejos —dijo Elrond—. No alcanzo a ver cuál será tu camino y no sé cómo cumplirás esa tarea. La Sombra se ha arrastrado ahora hasta el pie de las montañas y ha llegado casi a las orillas del Fontegrís; y bajo la Sombra todo es oscuro para mí. Encontrarás muchos enemigos, algunos declarados, otros ocultos, y quizá tropieces con amigos, cuando menos los busques. Mandaré mensajes, tal como se me vayan ocurriendo, a aquellos que conozco en el ancho mundo; pero las tierras han llegado a ser tan peligrosas que algunos se perderán sin duda, o no llegarán antes que tú. Y elegiré los compañeros que irán contigo, siempre que ellos quieran o lo permita la suerte. Tienen que ser pocos, ya que tus mayores esperanzas dependen de la rapidez y el secreto. Aunque contáramos con una tropa de elfos con armas de los Días Antiguos, solo conseguiríamos despertar el poder de Mordor.

La Compañía del Anillo será de Nueve y los Nueve Caminantes se opondrán a los Nueve Jinetes malvados. Contigo y tu fiel sirviente irá Gandalf; pues este será el mayor de sus trabajos y quizás el último.

En cuanto al resto, representarán a los otros Pueblos Libres del mundo: elfos, enanos y hombres. Legolas irá por los elfos y Gimli hijo de Glóin por los enanos. Están dispuestos a llegar por lo menos a los pasos de las montañas y quizá más allá. Por los hombres tendrán a Aragorn hijo de Arathorn, pues el Anillo de Isildur le concierne íntimamente.

J. R. R. Tolkien, *El señor de los anillos,* Minotauro.

Dialogamos

1 En este relato se unen miembros de diferentes pueblos para enfrentarse a un enemigo común. ¿Creéis que también pasa en la realidad?

2 ¿Qué significa «La unión hace la fuerza»? Buscad la historia del labrador que arregló la disputa de sus hijos con unas varas y debatid.

1 Cada vez más países

1.1 La unión económica

La ONU se fundó al finalizar la Segunda Guerra Mundial, en octubre del año 1945, con el objetivo de preservar la paz en el mundo.

Pocos años más tarde, en 1951, se unieron seis Estados europeos, algunos de ellos enemigos recientes, para comerciar entre ellos con dos productos concretos: el carbón y el acero.

Esta comunidad se llamó la Comunidad Europea del Carbón y del Acero (CECA) y la formaban Francia, Italia, República Federal Alemana y los tres países del Benelux (Bélgica, Países Bajos y Luxemburgo).

En 1957, estos países decidieron ampliar sus acuerdos y formar una Comunidad Económica Europea (CEE). La idea era unirse para poder vender mejor los productos entre ellos y que los trabajadores y trabajadoras pudieran realizar sus tareas en el que más conviniera, permitiendo su libre circulación.

No se trataba de un proyecto político, sino económico, que posibilitaba crear lo que llamaron un «mercado común».

En el seno de esta organización, tanto los trabajadores y trabajadoras como las mercancías podían trasladarse de un país a otro con la misma facilidad que dentro de una misma ciudad o en el interior de un país, sin necesidad de tener que pagar impuestos ni solicitar permisos para cruzar las fronteras.

Además, decidieron aplicar una política unitaria en materia de agricultura e iniciar negociaciones con otros países para regular los intercambios de productos agrícolas.

1.2 La unión política

En 1993, la situación política en Europa occidental dio lugar a pensar en un proyecto mucho más ambicioso: una sociedad a la que pertenecieran la mayor parte de los países europeos y que fuese capaz de concebir y realizar un plan político conjunto.

Esta organización es la Unión Europea (UE), y se ha dotado de instituciones como el Parlamento Europeo, que aprueba leyes con validez en todo el territorio comunitario, o como el Tribunal de Justicia de la Unión Europea, que aplica esa legislación.

También se ha creado un Banco Central Europeo, que emite una moneda común en muchos de los países de la Unión Europea, y un conjunto de organismos que permiten coordinar la política exterior y de seguridad común.

Los tratados comerciales con terceros países, por ejemplo, se negocian, se ratifican y se aplican en todos los países de la Unión; de esa manera se pueden conseguir mejores condiciones cuando se firman esos contratos.

Las medidas que se deben tomar cuando surge algún conflicto con otros países también se acuerdan de forma común con el objetivo de ejercer más fuerza y promover la paz.

1.3 Países miembros de la Unión Europea

En 1973 se incorporaron a la CEE Reino Unido, Irlanda y Dinamarca. En 1981 se adhirió Grecia, y cinco años más tarde, se integraron España y Portugal. En 1995 entraron Austria, Finlandia y Suecia.

A finales del siglo XX y a comienzos del siglo XXI fueron añadiéndose varios Estados del este de Europa que antes formaban parte del bloque comunista vinculado a la Unión Soviética (actual Rusia).

La asociación que nació como un proyecto de seis países por razones comerciales se ha ido convirtiendo en lo que es en la actualidad: un amplio territorio por el que se puede viajar sin visados ni cambiar monedas (en muchos países), una comunidad que negocia acuerdos internacionales de forma conjunta, un grupo de Estados que protege el medioambiente, defiende la dignidad de su ciudadanía y está comprometido con el cumplimiento de los derechos humanos.

Comprende, piensa, investiga...

1 Explica la diferencia entre la CEE y la UE. ¿En qué sentido ha ido cambiando esta asociación de Estados desde su fundación?

2 Investigad qué es el Acuerdo de Schengen. ¿Qué países forman parte de él y cuáles no? ¿Cuál es su objeto? ¿Qué relación tienen con la Unión Europea?

3 Investigad sobre la adhesión de España, junto con Portugal, a la Unión Europea. ¿Por qué se incorporó tan tarde?

2 Cómo funciona la Unión Europea

2.1 Unidad en la diversidad

Los Estados que componen la Unión Europea son muy diferentes entre sí: desde la pequeña Malta, con menos de medio millón de habitantes, hasta Alemania, con más de 82. No solo se hablan muchas lenguas, sino que se utilizan incluso tres alfabetos diferentes: el latino, el cirílico y el griego. Hay tradiciones culturales, costumbres alimenticias y religiones muy variadas.

Algunos de los países que forman parte de ella han llegado a combatir entre sí en repetidas ocasiones. Sin ir más lejos, Alemania y Francia fueron enemigos en las dos guerras mundiales que tuvieron lugar en el siglo XX.

Sin embargo, la asociación a la que se han comprometido lleva a todos ellos a unirse para lograr la paz, la democracia y la protección de los derechos humanos, hasta el punto de haber recibido en el año 2012 el premio Nobel de la Paz.

2.2 El Consejo de la Unión Europea

Cuando se hace necesario decidir algo acerca de un asunto, se reúnen los ministros de cada país, por ejemplo: los de Economía, Agricultura, Exteriores o Interior. Por ese motivo, este Consejo suele denominarse Consejo de Ministros. El objetivo es que todos tengan la oportunidad de expresar su opinión y defender los intereses de su país.

Reunión del Consejo de la Unión Europea, institución en la que participan los ministros de todos los países miembros para defender sus intereses.

Este Consejo puede proponer leyes, y lo hace cuando están de acuerdo un mínimo del 55% de los Estados que representen al menos al 65% de la población.

Los jefes de Estado o de Gobierno de los diferentes países forman parte del Consejo Europeo, que se reúne al menos cuatro veces al año. Sin embargo, no es a ellos a quienes corresponde la redacción ni el establecimiento de las leyes.

2.3 El Parlamento y la Comisión europeos

En realidad, la Unión Europea funciona de un modo mucho más democrático de lo que serían las decisiones de uno o dos representantes de los diferentes Estados.

La ciudadanía de cada país tiene ocasión, cada cinco años, de elegir representantes para el Parlamento Europeo. El número de representantes de cada Estado varía en función de sus poblaciones, de manera que los más poblados tienen un número más elevado de parlamentarios.

No obstante, para que pueda promulgar leyes, tiene que contar con la Comisión Europea.

Esta Comisión se forma con un miembro de cada país, pero su peculiaridad es que actúa como guardiana de los tratados europeos: no están para representar a sus Estados, sino los intereses de toda la Unión Europea.

Se reparten las tareas encargándose de diferentes sectores, de manera similar a lo que ocurre con los ministros y ministras de los distintos países. Sin sus propuestas, ni el Consejo ni el Parlamento pueden tomar ninguna decisión.

2.4 El Banco Central y el Tribunal de Justicia

El hecho de compartir la misma moneda obliga a que todos los países que se han integrado en el euro deban adaptarse a las resoluciones que adopta el Banco Central Europeo.

Esta entidad es la encargada de tomar decisiones económicas muy relevantes sobre la circulación de la moneda y sobre los tipos de interés básicos, que afectan a los que los bancos comerciales aplican a los particulares y a las empresas cuando les prestan dinero.

No obstante, es necesario aclarar que no todos los países que pertenecen a la Unión Europea forman parte de la eurozona; es decir, no todos han adoptado el euro como su moneda. Entre otros, los más importantes son Suecia y Reino Unido, que conservan sus propias monedas.

Por último, el Tribunal de Justicia de la Unión Europea interviene cuando diferentes Estados disputan sobre la interpretación de las leyes comunes o alguno deja de cumplirlas.

Este tribunal tiene incluso la potestad de dictar sentencias que obliguen a modificar o que ratifiquen las leyes adoptadas en cada país. Y aunque es evidente que no se puede encarcelar a ningún país, sí se le pueden aplicar sanciones económicas.

Sede de la Comisión Europea, que actúa como guardiana de los tratados europeos.

Comprende, piensa, investiga...

1 Elabora un cuadro en el que aparezcan los nombres de los países de la Unión Europea, el idioma en el que hablan, la moneda que utilizan, el tamaño de su territorio y su número de habitantes.

2 Infórmate sobre las razones por las que en 2012 concedieron el premio Nobel de la Paz a la Unión Europea.

3 Organizaos en grupos y visitad la página web oficial de la Unión Europea (europa.eu) para recabar información sobre las principales instituciones comunitarias. Cada grupo debe realizar un informe sobre una de ellas y presentarlo en clase.

3 La cuestión de la soberanía

3.1 La «Unión» hace la fuerza

La Unión Europea tiene un Parlamento común que representa a la ciudadanía de cada país. En ese Parlamento, como es lógico, se toman decisiones que afectan al conjunto de la Unión y que obligan a actuar de manera coordinada. Con ello se consiguen importantes ventajas, como la armonización de las legislaciones de los diferentes países.

Gracias a la libertad de comercio y de capitales, se coordinan los mercados, para lograr que en cada lugar se produzca lo más adecuado en función de sus circunstancias. Y también se negocian con otros países acuerdos para comprar materias primas, pescar, vender productos...

El Banco Central Europeo toma decisiones que afectan a la economía de todos los países miembros. Establece cuánto dinero se fabrica, si presta dinero a los bancos a intereses más altos o más bajos... De ese modo, el euro se ha convertido en una moneda tan fuerte que permite negociar en condiciones muy beneficiosas en todo el mundo.

Las ventajas son tantas que no es extraño que el número de miembros de la Unión Europea haya crecido a un ritmo elevado y que haya muchos otros candidatos deseando entrar.

La Unión Europea es una organización supraestatal que produce grandes ventajas a los Estados que la componen, que, no obstante, conservan su soberanía.

3.2 La soberanía nacional

Pero la pertenencia a la Unión Europea también implica compromisos. Que el Parlamento Europeo tome decisiones significa que se promulgan leyes que todos los países deben aplicar. Y no siempre se trata de mandatos favorables o agradables: es necesario aportar fondos, renunciar a algunos privilegios... Por ese motivo, las negociaciones entre los Estados miembros son complicadas.

Cada país tiene su propio Gobierno, que ha sido elegido por su ciudadanía, y le gustaría ejercer su poder ejecutivo según sus criterios y su conveniencia. Al fin y al cabo, cada Estado es independiente de los demás y tiene su propia soberanía; es decir, tiene autonomía para gobernarse.

Sin embargo, cuando alguien entra a formar parte de una asociación debe comprometerse a cumplir las normas de ese grupo. Igual que no podemos hacer lo que queramos en el centro escolar ni los conductores deben conducir saltándose las normas de tráfico, los países miembros de la Unión Europea firman acuerdos que han de respetar.

3.3 Juntos, pero no revueltos

Los acuerdos son el resultado de negociaciones y se toman entre países que voluntariamente han decidido participar y pretenden colaborar amistosamente, buscando el beneficio mutuo, por lo que, en ocasiones, toca ceder y en otras ganar. Los países más ricos deben ser solidarios con los más pobres: los primeros procuran gastar lo menos posible, mientras que los segundos siempre solicitan más ayuda.

Naturalmente, en principio, los acuerdos solo afectan a asuntos comunes, como es lo que sucede cuando la ciudadanía de un Estado viajan a otro o cuando venden entre sí mercancías.

De vez en cuando surgen conflictos que llevan a primer término el debate sobre la conveniencia de tener que someterse a los acuerdos. En la primera década del siglo XXI, incluso, se celebraron referendos en determinados países para votar sobre el Tratado de Lisboa, que, finalmente, fue firmado por todos los miembros de la Unión en el año 2007.

Este tratado determina algunos asuntos sobre los que decide la Unión Europea, como son: aduanas, competencia mercantil, el euro o la conservación de la vida marina.

En temas internos, la Unión Europea no se entromete. Cada Gobierno tiene la facultad de gestionar sus propios recursos y decidir cómo procurar el beneficio de su propia ciudadanía dentro del marco que implica el necesario respeto por las normas comunes.

La Unión Europea no solo respeta, sino que promueve la diversidad cultural de sus diferentes países y regiones.

Imagen institucional de la firma del Tratado de Lisboa en el año 2007.

Comprende, piensa, investiga...

1 Explica qué es la soberanía nacional de un país y qué conflicto plantea en relación con la Unión Europea.

2 **Justificar.** ¿Piensas que un país miembro de la Unión Europea puede decidir incumplir las leyes comunitarias cuando le convenga? Argumenta tu respuesta.

3 Busca información acerca del Tratado de Lisboa y sobre qué países sometieron a referendo su ratificación.

4 La ciudadanía de la Unión Europea

4.1 Viajando por Europa y fuera de ella

Tener la nacionalidad de uno de los países miembros de la Unión Europea acarrea importantes ventajas. Por ejemplo, supone la posibilidad de viajar de un país a otro de la Unión sin necesidad de permisos especiales, la de trabajar o estudiar en cualquiera de ellos e incluso la de recibir atención médica según los acuerdos comunes.

Y no solo eso. Cuando nos desplazamos a otros lugares del mundo, también nos aporta grandes beneficios, como el de poder recurrir a la protección consular de otro país de la Unión Europea en caso de necesidad. Por ejemplo, si estamos en algún país de Asia y necesitamos ayuda, podemos acudir a una embajada belga, francesa, alemana o italiana para solicitarla.

4.2 Defendiendo nuestros derechos

Poseer la ciudadanía de un país de la Unión Europea proporciona un amparo superior al de las leyes de ese mismo Estado. Hay ocasiones en las que es posible recurrir al Tribunal de Justicia de la Unión Europea para reclamar contra las decisiones que ha adoptado algún tribunal de los países miembros. En ese caso, la Unión Europea procurará asegurarse de que el veredicto se ajusta a las normas de la comunidad internacional.

Mediante este procedimiento también se pueden resolver conflictos entre países o proporcionar cobertura a los ciudadanos y ciudadanas europeos cuando se encuentran en otros lugares del mundo.

Una de las grandes ventajas de pertenecer a la Unión Europea para sus ciudadanos y ciudadanas es que pueden viajar y moverse libremente por los países miembros.

4.3 Ciudadanos y ciudadanas del mundo

Más allá de esas ventajas, la creación de una sociedad que incluye tantos pueblos diferentes nos acerca al sueño de los estoicos: ser ciudadanos y ciudadanas del mundo. Estos filósofos griegos utilizaban el término «cosmopolita» para referirse a quienes se sienten miembros de la sociedad que forma toda la humanidad, por encima de las líneas fronterizas trazadas en los mapas y aplicadas en la geografía terrestre.

Kant anticipó que se crearía una sociedad cosmopolita con la unión de Estados que abandonaran los enfrentamientos y prefirieran asociarse de una manera pacífica, culta, ilustrada y moralizada. Además, previó que comenzaría en Europa, considerando que es el continente que, verosímilmente, terminaría dando leyes a los demás.

En opinión de este filósofo alemán, la naturaleza nos incitaría a emprender guerras que terminarían haciéndonos reflexionar sobre la necesidad de unirnos para evitar la destrucción de todos. Esto supone la obligación de moralizar la sociedad humana más allá de las fronteras, tal y como apuntan la Unión Europea y la ONU mediante proyectos como el de la Declaración Universal de los Derechos Humanos.

Fiesta del Palio, Siena, Italia.

La Unión Europea reconoce y garantiza la diversidad de los pueblos que la componen como seña de identidad del proyecto europeo.

4.4 El reto de la diversidad europea

La dificultad de este objetivo está en compensar la globalización con la conservación de los valores de los distintos pueblos, consiguiendo los beneficios de la unión, manteniendo las propias peculiaridades culturales.

Desde este punto de vista, la Unión Europea procura proteger la diversidad cultural y lingüística de Europa. Se asume que cada país tiene su propia manera de gestionar sus políticas culturales y audiovisuales, pero se procura que el trabajo realizado por la Unión Europea complemente su gestión y le añada una nueva dimensión. Al fin y al cabo, la Unión Europea considera que los sectores cultural y creativo europeos contribuyen al crecimiento económico, al empleo, a la innovación y a la cohesión social, y estima su valor en casi un cinco por ciento del PIB de la Unión. Como dice su documento sobre cultura y medios audiovisuales:

«La cultura y la creatividad se encuentran en la base del proyecto europeo. Nuestras identidades están determinadas por la cultura, así como lo están nuestras aspiraciones y la forma en que nos relacionamos con los demás y con el mundo. La cultura también conforma los lugares y paisajes en que vivimos y el estilo de vida que adoptamos».

Comprende, piensa, investiga...

1. Busca información sobre cuándo se celebra el Día de Europa y por qué.
2. Enumera las ventajas de ser ciudadano o ciudadana de la Unión Europea.
3. Busca información sobre el cosmopolitismo estoico o la idea kantiana de una historia con propósito cosmopolita.

Taller de valores

Aplica tus competencias

La protección de la cultura es un asunto de capital importancia para la Unión Europea. Por eso, uno de los muchos temas relacionados con esta cuestión que se debaten en el Parlamento Europeo es el de cómo frenar la piratería informática que roba contenidos culturales.

¿Piratas?

La Declaración Universal de los Derechos Humanos vela por el derecho de toda persona a participar libremente de la cultura y también expresa, en su artículo 27, que «toda persona tiene derecho a la protección de los intereses morales y materiales que le correspondan por razón de las producciones científicas, literarias o artísticas de que sea autora».

Según la SGAE (Sociedad General de Autores en España), el nivel de piratería discográfica en España es del 24%; es decir, casi una de cada cuatro copias de un disco se obtiene de forma ilegal.

Diariamente, se descargan de forma ilegal miles de canciones, de películas, de libros... desde millones de ordenadores, y este comportamiento de los usuarios perjudica a las empresas que se dedican a la difusión de contenidos culturales (editoriales, discográficas, productoras cinematográficas...), y a quienes crean esos contenidos y reciben sus ganancias en concepto de derechos de autoría.

Las empresas del sector señalan que, si acumulan pérdidas, tendrán que invertir menos y, por tanto, se producirán menos contenidos.

Algunos usuarios «piratas» justifican su acción alegando que el precio de los productos culturales (libros, discos, películas...) es demasiado elevado o que no se encuentran con facilidad.

Los creadores aducen que son su medio de vida y que les están robando parte de los beneficios de su trabajo.

Comprende el texto y exprésate

1 **Justificar.** ¿Piratearías contenidos culturales? ¿Cómo justificarías tu actitud o crees que no tiene justificación?

2 **Describir.** Ahora imagina que eres uno de esos creadores: ¿cómo te sentirías si te enterases de que tus creaciones han sido pirateadas? ¿Descargarías contenidos culturales de otros?

3 **Juzgar.** Finalmente, ponte en el lugar del legislador, es decir, del político: ¿qué medidas tomarías para frenar la piratería de contenidos culturales y proteger los derechos de autor? ¿Qué tipo de pena impondrías a los «piratas»?

Buscad información

4 Organizaos en grupos y buscad información sobre la piratería digital. Podéis acceder a la página del Observatorio de la Piratería y Hábitos de Consumo de Contenidos Digitales y contrastar sus datos con otras fuentes. Elaborad un informe sobre el alcance de la piratería en España.

Aprende a debatir

5 Debatid en clase sobre las causas y las consecuencias de las descargas ilegales de contenidos culturales y planteaos qué ocurriría si nadie respetase los derechos de autoría.

Los valores en la historia

Los valores éticos de la Unión Europea

La Unión Europea está fundada sobre los valores de respeto a la dignidad humana, libertad, democracia, igualdad, Estado de derecho y, en general, sobre el respeto a los derechos humanos. De esta forma, los derechos fundamentales son parte del derecho de la Unión como compromiso ético-político que se refleja en sus principios generales.

El respeto de esos valores es una condición previa para la adhesión de un nuevo Estado miembro. Por eso, las sociedades de estos Estados se caracterizan por el pluralismo, la no discriminación, la tolerancia, la justicia, la solidaridad y la igualdad entre mujeres y hombres.

La violación de cualquiera de esos valores puede dar lugar a la suspensión de determinados derechos derivados de la pertenencia de un Estado miembro a la Unión.

No obstante, hay derechos que aún no están recogidos en el Convenio Europeo para la Protección de los Derechos Humanos (CEDH), como son ciertos derechos sociales relacionados con el trabajo, la protección de datos, la bioética o el derecho a una buena administración.

Por eso, estos derechos han sido incluidos en la Carta de los Derechos Fundamentales, proclamada en el Consejo Europeo de Niza, en diciembre de 2000, y que forma parte del Tratado Constitucional que rige políticamente en la UE.

emprender aprender

Coaching

Cada vez más personas y empresas recurren al *coaching* para encaminar con éxito la vida personal o las carreras profesionales.

El *coaching* (término inglés que procede del verbo *to coach,* que se traduce por 'entrenar') consiste en proporcionar la orientación suficiente a una persona o a una empresa para que desarrolle por sí misma sus habilidades y tome las decisiones más adecuadas en su actividad personal o profesional.

Los políticos también cuentan con asesores, entre los que puede encontrarse algún *coach.*

Nuestro proyecto consistirá en emprender la labor de *coaching* para ayudar a un eurodiputado o eurodiputada neófito en sus primeros debates y discursos públicos. Se supone que carece de experiencia, por lo que los nervios son un problema. Por eso ha recurrido a un *coach.*

Las sesiones de *coaching* comienzan con una presentación digital en la que el *coach* le indicará la manera más adecuada para preparar y para pronunciar su primer discurso en el Parlamento Europeo.

Coach para el primer día de reunión parlamentaria

Organizaos para llevar a cabo las tareas que exige esta actividad:

- En primer lugar, nos distribuiremos por parejas. Uno de los miembros de cada pareja actuará como *coach* y el otro hará las veces de eurodiputado o eurodiputada.
- El *coach* diseñará la presentación digital de su primer día de sesión parlamentaria.
- El eurodiputado o eurodiputada ha de disertar en clase, siguiendo las instrucciones de su *coach,* durante al menos cinco minutos sobre un tema relacionado con la defensa de los derechos humanos en la Unión Europea.
- Finalmente, se realizará una votación en clase para elegir el mejor discurso y el mejor equipo.

9

Hacia la libertad y la igualdad

De los abusos a la liberación

Entre los derechos humanos más importantes se encuentran la libertad y la igualdad.

Durante muchos siglos, las injusticias eran tan atroces y tan frecuentes que esos derechos ni siquiera fueron un sueño para la mayoría.

La esclavitud y la servidumbre son dos ejemplos de cómo la desigualdad hizo posible que una minoría privase de libertad a la mayor parte de la población en Europa.

También el machismo ha predominado a lo largo de toda la historia, dando lugar al dominio y a abusos de los varones sobre las mujeres.

Ahora bien, en los últimos años se han producido cambios que han permitido que creamos que es posible un mundo mejor, un mundo en el que todos los seres humanos puedan ser libres y en el que desaparezca el machismo.

La esclavitud está prohibida en la mayoría de los países y en muchos de ellos las mujeres pueden acceder a la educación y al mercado laboral, demostrando que los varones no son más capaces que ellas.

En esta unidad vas a estudiar

1. La situación de esclavitud y de servidumbre hasta el siglo XVIII.
2. La abolición de la esclavitud en Estados Unidos.
3. El machismo dominante en el mundo durante siglos.
4. Los avances liberadores del feminismo.

Reflexionamos

Vender a un niño

—Y ahora, anfitrión mío —dijo el tarkaan—, me gustaría comprar a ese chico tuyo.

—Pero, mi señor —respondió el pescador, y Shasta adivinó por su tono zalamero la expresión codiciosa que probablemente estaría apareciendo en su rostro mientras lo decía—, ¿qué precio podría inducir a este siervo vuestro a vender como esclavo a su único hijo y carne de su carne? ¿Acaso no ha dicho uno de los poetas: «El afecto innato es más fuerte que la sopa, y la progenie, más preciosa que los rubíes»?

—Así es —respondió el invitado con sequedad—, pero otro poeta ha dicho también: «Aquel que intenta engañar al juicioso desnuda al hacerlo la propia espalda para el látigo». No cargues tu anciana boca con falsedades. Está bien claro que este muchacho no es hijo tuyo, pues tus mejillas son tan negras como las mías mientras que el muchacho es rubio y blanco como los odiosos pero hermosos bárbaros que habitan en el lejano norte. [...]

—Omite todas estas palabras fútiles en tu propia alabanza —interrumpió el tarkaan—. Ya es suficiente con saber que te llevaste al niño, y has obtenido de él, en trabajo, diez veces el valor del pan que consume cada día, como cualquiera puede ver. [...]

—Vos mismo habéis dicho muy sabiamente —respondió Arsheesh— que el trabajo del muchacho me ha sido de un valor incalculable. Esto debe tomarse en cuenta en el momento de fijar el precio; pues si vendo al muchacho, tendré sin duda que comprar o alquilar a otro para que realice su trabajo.

—Te daré quince mediaslunas por él —dijo el tarkaan.

—¡Quince! —exclamó Arsheesh con una voz que era una mezcla de gimoteo y alarido—. ¡Quince! ¡Por el puntal de mi vejez y deleite de mis ojos! No os burléis de mi barba gris, por muy tarkaan que seáis. Mi precio es setenta.

C. S. Lewis, *Las crónicas de Narnia 3. El caballo y el muchacho*, Planeta.

Dialogamos

1 ¿Qué opináis del diálogo entre los dos personajes? ¿Creéis que sería muy diferente si estuvieran hablando de vender una cosa?

2 El anciano, ¿se podía negar a vender al muchacho? ¿Era, pues, libre?

1 La esclavitud y la servidumbre

1.1 Historia de las desigualdades

Los seres humanos mostramos diferentes tendencias hacia los demás. Tenemos algunos impulsos agresivos y otros compasivos. Probablemente, nuestros antepasados más remotos se relacionaban entre ellos como algunas poblaciones de grandes primates en la actualidad: colaborando y compitiendo, protegiéndose y peleándose... Pero eso sucedió hace demasiado tiempo y apenas podemos hacer más que conjeturar cómo sería.

En cambio, la historia proporciona documentos gracias a los cuales sabemos que en diferentes épocas y culturas se han establecido distintos criterios sobre cómo deben relacionarse unos seres humanos con otros y, mayoritariamente, ha sido en condiciones de desigualdad.

Siempre ha habido unos que tienen más y otros que tienen menos, y no solo riquezas, sino también derechos. Es más, algunos podían abusar de otros sin tener que dar explicaciones ni responder ante nadie.

Los antiguos griegos tenían esclavos. Este filósofo decía que «el buey es el esclavo del pobre». En opinión de Aristóteles, igual que la naturaleza nos hace «hombres» o «mujeres», también nos hace «amos» o «esclavos».

Desde ese punto de vista, la diferencia entre *amos* y *esclavos* sería algo natural: las personas intelectualmente superiores nacerían para mandar, mientras que aquellas otras que lo más valioso que pueden ofrecer es su trabajo físico serían esclavos por naturaleza y lo mejor que podría pasarles sería que encontrasen un buen amo que los dirigiera.

Fotograma de la película *Ágora,* de Alejandro Amenábar.

En las sociedades antiguas había esclavos, que carecían de derechos y podían ser comprados y vendidos.

1.2 Roma

La prosperidad de Roma se apoyaba en buena medida en la esclavitud de los vencidos en las diferentes campañas bélicas. El mismo Julio César vendió un millón de prisioneros durante la guerra de las Galias.

Había trabajos, como los que tenían que llevarse a cabo en las minas, que resultaban especialmente peligrosos y miserables, y a ellos se dedicaban solo algunos condenados a trabajos forzados y los esclavos. La Hispania romana se convirtió en una fuente de riqueza para muchas familias que obtenían los beneficios de su explotación, pero también fue el lugar donde penaron muchas personas con trabajos extenuantes y en condiciones penosas.

Los esclavos eran propiedad de sus amos hasta límites que nos cuesta entender. No tenían derecho a un juicio, ni a poseer propiedades, ni siquiera a casarse. Sus matrimonios no se consideraban válidos y sus descendientes eran propiedad de los amos. Algunos debían llevar chapas colgando en el cuello con inscripciones que decían cosas como «detenedme si escapo y devolvedme a mi dueño».

No obstante, entre los romanos existía alguna posibilidad de adquirir la libertad, cuando los amos liberaban a los esclavos, que se convertían en libertos.

Esclavos en la cocina (Relieve romano, Museos Vaticanos).

Los esclavos romanos hacían los trabajos más duros, mientras que sus amos disfrutaban del ocio.

1.3 La Edad Media

En la Edad Media, la esclavitud fue sustituida por la servidumbre. Los nobles poseían tierras y, con ellas, a quienes las trabajaban.

Estos siervos carecían de los derechos que tenían sus señores. Por ejemplo, no podían adquirir terrenos ni casas y sus amos se quedaban con casi todo lo que producían. Una de las pocas diferencias con los esclavos era que no podían ser vendidos, a menos que fuera como parte del terreno en el que vivían y laboraban.

1.4 El Antiguo Régimen

El sistema social de los estamentos, característico del Antiguo Régimen, perduró en Europa hasta finales del siglo XVIII. El rey, los nobles y el clero disfrutaban de privilegios que se negaban al pueblo llano.

Este grupo social trabajaba, pagaba los impuestos y estaba sometido a los caprichos y abusos de los monarcas y de los nobles.

Comprende, piensa, investiga...

1. Averigua el significado de los siguientes términos y explica las diferencias entre ellos: «colono», «siervo», «esclavo», «plebeyo».
2. ¿Encuentras alguna diferencia entre la situación de los siervos y las que se dan en nuestra sociedad? ¿Y algún parecido?
3. Leed el episodio de *La vida de Lazarillo de Tormes* en el que este pícaro entra al servicio de un noble y comentadlo.

2 Revoluciones y fin de la esclavitud

2.1 Los cambios del siglo XVIII

Cada época tiene sus problemas y sus enfrentamientos. En todas hay personas que sufren y quienes se aprovechan de otros, pero a finales del siglo XVIII se produjeron varias transformaciones sociales muy relevantes. La aportación de muchas personas contribuyó a que se pudiera cambiar el modo de relacionarnos, reivindicando la importancia de la igualdad entre todos los seres humanos.

Las colonias norteamericanas consiguieron independizarse de la metrópoli británica. En Francia, la revolución en 1789 dio lugar a una república y se proclamó la Declaración de los Derechos del Hombre y del Ciudadano. Filósofos como Montesquieu, Voltaire, Rousseau y Kant asentaron los fundamentos para el reconocimiento de los derechos de todos los seres humanos.

La prosperidad económica y cultural de la burguesía convirtió a esta nueva clase social en el motor de la filosofía, la ciencia, la tecnología y la industria.

Todos estos acontecimientos socavaron los cimientos del Antiguo Régimen y su sistema de estamentos, gracias al que la nobleza disfrutaba de grandes privilegios.

Henry Singleton, *La toma de la Bastilla* (detalle).

La Revolución Francesa provocó profundos cambios sociales en Francia y se reconocieron derechos a los ciudadanos franceses y a todos los seres humanos.

2.2 Hacia el fin de la esclavitud

A pesar de esos avances, seguía vigente la esclavitud en muchos lugares del mundo. Aún costó bastante tiempo que se considerase personas con derechos ciudadanos a determinados colectivos. Los prejuicios contra los esclavos, las mujeres, los individuos de otras razas... cayeron poco a poco. Todos somos iguales y debemos tener los mismos derechos. Eso nos parece evidente, pero conseguirlo supuso un gran esfuerzo.

La llegada de los colonos europeos a Norteamérica produjo una situación novedosa: mucha gente empezaba una nueva vida en igualdad de condiciones económicas y sociales, con un territorio enorme por delante y que todavía no había sido legalmente adquirido por nadie. Esto hizo que se sintieran dueños de su propio destino. Además, la independencia de Gran Bretaña provocó también el fin de las distinciones nobiliarias. En los Estados Unidos de América no había rey y tampoco los nobles tenían ningún tipo de derecho especial por encima del resto de los ciudadanos.

No obstante, al principio, los estados del sur utilizaban esclavos para los trabajos más duros en el campo, en particular para la recolección de algodón. Pero esa situación terminó con la guerra de Secesión (1861-1865). El enfrentamiento entre los estados del norte y los del sur estuvo muy influido por el hecho de que los segundos defendían y practicaban la esclavitud. La victoria de los nordistas llevó a la abolición oficial de esta lacra.

Abraham Lincoln, el presidente del país en aquella época, se opuso a ideas como la que expresó la Corte Suprema en 1857, según la cual la inferioridad de los negros era tan grande que debían convertirse en esclavos sin derechos.

2.3 No tan fácil

En 1865 terminó la guerra de Secesión y se proclamó la emancipación de los esclavos y la prohibición de seguir teniéndolos en propiedad en Estados Unidos.

Sin embargo, durante muchos años las condiciones de vida de los antiguos esclavos fueron parecidas. En novelas como *Las aventuras de Huckleberry Finn* podemos recoger información sobre cómo vivían en la zona del Misisipi en la década de 1880. Años después, Martin Luther King aseguraba haber conocido negros que trabajaban en explotaciones agrícolas y que nunca habían visto un dólar.

Aunque las condiciones de vida de los afroamericanos han seguido siendo duras, la consecución de objetivos como el derecho al voto o a participar en la vida política y el poder económico real ha hecho posible la llegada al Gobierno de Estados Unidos, de América, de un presidente afroamericano, Barack Obama.

Comprende, piensa, investiga...

1. En grupos, buscad la Declaración de los Derechos del Hombre y del Ciudadano y señalad en qué se parece y en qué se diferencia de la Declaración Universal de los Derechos Humanos.
2. Investiga y comparte información sobre disturbios raciales en Estados Unidos.
3. Debatid: ¿hay racismo en nuestro país?

El presidente Barack Obama es un buen ejemplo del reconocimiento de la igualdad en Estados Unidos, aunque aún persisten en el país muchos prejuicios y formas de discriminación contra los afroamericanos.

3 El machismo

3.1 La mujer en la Antigüedad

Si acudimos a un manual de historia política, de arte, de literatura, de filosofía o de ciencia, vemos que los nombres que aparecen en ellos son casi exclusivamente de varones. ¿Qué ocurre? ¿Acaso no había mujeres? ¿Ninguna aportó nada relevante?

Incluso las pocas que aparecen, como Cleopatra, están frecuentemente revestidas de una fama ambigua. Por ejemplo, esta reina egipcia era muy culta, pero sobre todo ha pasado a la historia como la pareja de Julio César y de Marco Antonio.

En la mayor parte de las culturas de la Antigüedad, las mujeres se dedicaban a la maternidad, a las tareas domésticas y colaboraban en la agricultura y en la ganadería. Frecuentemente, no recibían ningún tipo de educación, por lo que las posibilidades de que hicieran aportaciones relevantes en otros ámbitos eran muy limitadas.

Además, también es habitual que los historiadores de la época subestimaran su importancia y su influencia real.

3.2 La mujer en los mitos y en las religiones

El mito griego de Pandora y el relato bíblico de Eva presentan a las mujeres como seres seductores y curiosos, causa de los males de la humanidad por saltarse las prohibiciones divinas. En cambio, los varones aparecen como individuos ingenuos que, seducidos por la belleza de sus parejas, son engañados por ellas.

Adán y Eva en el Paraíso (Vidriera de la catedral de Carcasona, Francia).

Tradicionalmente, se ha presentado a las mujeres como la causa de todos los males de la humanidad.

Filósofos como Aristóteles dieron por sentado que las mujeres eran intelectualmente inferiores a los varones y que debían servirlos. Estas ideas contribuyeron a alejar a las mujeres de la educación.

También muchas religiones excluían a las mujeres, incluso de sus ritos. Este es el caso, por ejemplo, del mitraísmo, que se extendió por el imperio romano en los primeros siglos de nuestra era.

En cuanto al cristianismo, Dios es padre y no madre, los profetas, los apóstoles y evangelistas, el mismo Jesús y los sacerdotes, son varones. No obstante, el culto a la Virgen María contribuyó a mejorar la imagen de la mujer y también hay textos bíblicos en los que se defiende la dignidad de todos los seres humanos, incluidas las mujeres.

3.3 La mujer en Europa hasta el siglo XVIII

Buena parte de la Edad Media limitó la alfabetización a los copistas que se encontraban en monasterios masculinos. Y, desde luego, las mujeres quedaban excluidas de las universidades.

Pero ya en el siglo XV, con el humanismo y el Renacimiento comenzó la reivindicación del papel de la mujer en la sociedad occidental. Christine de Pisan (1364-1430) escribió, en *La ciudad de las damas,* sobre las mujeres a partir de su propia experiencia y denunció que su situación se debía a causas sociales y no a su inferioridad natural.

A partir de ahí hubo pasos adelante y atrás en la emancipación de la mujer: el humanismo promovió su instrucción y la escolarización de las niñas, mientras que la Reforma las confinó a la casa y sus tareas.

A finales del siglo XVII y en el siglo XVIII, el papel de las mujeres emprendió, según su clase social, dos nuevas direcciones en la sociedad: la de las trabajadoras manufactureras (sobre todo en la industria textil) y la de las damas de los salones nobles.

A lo largo del siglo XX y a comienzos del XXI, en los países occidentales no solo han podido acceder a los estudios universitarios, sino que las mujeres han demostrado unas capacidades académicas tan elevadas como las de sus compañeros varones. Teniendo en cuenta su rendimiento intelectual carecen de sentido las razones que algunos esgrimían para impedir que ocupen puestos de trabajo especializados y altos cargos en las instituciones y en las empresas.

Dios Mitra (Escultura romana del siglo II).

El mitraísmo excluía a las mujeres de sus ritos, contribuyendo a extender una imagen negativa de la mujer por el imperio romano.

Comprende, piensa, investiga...

1 ¿Qué importancia tiene que las mujeres puedan acceder a la educación o no? ¿Vivían mejor cuando lo tenían prohibido? ¿Viven mejor en los lugares donde todavía no se les permite estudiar?

2 Averigua quién fue Hipatia de Alejandría, sobre la que Alejandro Amenábar rodó la película *Ágora.*

3 La mayoría de las religiones excluyen a las mujeres del sacerdocio. ¿Cuál creéis que es la causa? ¿Te parece que tiene consecuencias? Debatidlo.

4 El feminismo

4.1 Los cambios a partir de la Ilustración

El ambiente ilustrado del siglo XVIII, que hizo que fructificaran las ideas de igualdad y de libertad, también influyó en la consideración social de las mujeres.

En ese sentido, en los primeros años de la Revolución Francesa se produjo un importante incremento de las reivindicaciones femeninas, como el derecho al trabajo («de la aguja y el huso», frente a los sastres), el derecho a la educación, el derecho al divorcio, la protección ante el abandono y para las madres solteras o el derecho de las mujeres casadas a disponer de sus bienes sin tener que dar explicaciones a sus maridos.

En el año 1791, Olympe de Gougues (1748-1793) publicó la Declaración de los Derechos de la Mujer y de la Ciudadana como respuesta a la Declaración de los Derechos del Hombre y del Ciudadano de 1789. En ella reivindicaba la igualdad plena de derechos entre la mujer y el varón.

Casi a la vez, en Gran Bretaña, Mary Wolfstonecraft (1759-1797) publicó la *Vindicación de los derechos de la mujer* (1792), en la que afirmaba que la alfabetización transformaría el papel que desempeñan las mujeres en la sociedad.

Mujer de un *sans-culotte* (Estampa revolucionaria francesa de 1792).

La Revolución Francesa supuso un cambio significativo de la situación de la mujer, que adoptó una postura mucho más reivindicativa de sus derechos.

4.2 Las mujeres obreras

Con la industrialización, muchas mujeres se convirtieron en trabajadoras tan capaces y esforzadas como los varones. Sin embargo, era frecuente que no se les reconocieran sus méritos tanto como a ellos y que se les pagara un sueldo inferior o se les exigiera que trabajaran más horas.

Sin embargo, su colaboración en todas las circunstancias se hizo tan destacada que resultó imprescindible reconocer progresivamente su valor y su importancia. Esto resultó especialmente claro y relevante durante la Segunda Guerra Mundial, cuando muchos varones fueron enviados al frente. Entonces, las mujeres ocuparon sus puestos en las fábricas y demostraron su capacidad de trabajo para mantener la producción.

Poco a poco, también se va reconociendo como trabajo la labor de las mujeres que no se dedican a ejercer una profesión o que voluntariamente deciden no trabajar fuera del hogar porque se encargan de atender la casa y de cuidar a los hijos e hijas y a los enfermos.

4.3 La reivindicación de los derechos de la mujer

La reivindicación de la igualdad de derechos de la mujer con los del varón dio lugar en el siglo XIX a un movimiento social denominado «feminismo» que ha ido consiguiendo avances tan importantes para las mujeres como el derecho al voto, a la educación y a la participación en política, que están plenamente reconocidos en la actualidad en muchos países del mundo.

En Gran Bretaña se anticiparon algunos de los logros de este movimiento. Ya en 1858 se había creado un sistema nacional de educación secundaria para mujeres. Por su parte, el filósofo John Stuart Mill presentó en la Cámara de los Comunes, en el año 1866, una proposición a favor del voto femenino. Desgraciadamente, fue rechazada, pero provocó la formación en 1867 del primer grupo sufragista británico.

Aunque todavía queda camino por recorrer, en los países occidentales se ha avanzado mucho y ya ha habido mujeres presidentas de países como Gran Bretaña o como Alemania. Sin embargo, en muchos países del tercer mundo o de otras culturas, la equiparación de derechos está lejana, aunque cada vez es más evidente que la emancipación de las mujeres es una condición imprescindible para la supervivencia y el desarrollo económico de todas las sociedades.

Uno de los mecanismos que se utiliza en algunos países para compensar el machismo histórico son las leyes de cuotas, que obligan a que en determinados puestos haya un porcentaje mínimo de mujeres. Este recurso se considera una discriminación positiva, puesto que su función es, precisamente, acabar con otra que era negativa.

Manifestación de sufragistas en las calles de Londres (Grabado del siglo XIX).

El sufragismo es el movimiento de lucha por el reconocimiento de los derechos políticos de las mujeres.

Comprende, piensa, investiga...

1 ¿Crees que hay algún trabajo que se les dé mejor a las mujeres que a los varones? ¿Y al revés? Explica tu respuesta.

2 Buscad información sobre la discriminación laboral de la mujer en los países occidentales en la actualidad. Pensad en soluciones para eliminarla.

3 Debatid en clase: ¿se ha conseguido acabar completamente con el machismo en la actualidad?

Taller de valores

Aplica tus competencias

El Ministerio de Sanidad, Política Social e Igualdad tiene entre sus funciones fomentar la igualdad de trato y de oportunidades entre varones y mujeres, y también tiene como prioridad evitar todo tipo de discriminación. Por ello, una de sus preocupaciones fundamentales es combatir la violencia de género, para lo que pone a disposición de quien lo necesite el número de teléfono 016.

¿Qué es el teléfono 016?

El Ministerio de Sanidad, Servicios Sociales e Igualdad, por medio de la Delegación del Gobierno para la Violencia de Género, presta el servicio telefónico de información y de asesoramiento jurídico en materia de violencia de género, a través del número telefónico de marcación abreviada 016. Ofrece los servicios siguientes:

- Atención gratuita y profesional.
- Atención las 24 horas del día los 365 días del año.
- Atención de consultas procedentes de todo el territorio.
- Derivación de llamadas de emergencia al 112.
- Coordinación de servicios similares de las comunidades autónomas.
- Información a las mujeres víctimas de violencia de género y a su entorno sobre qué hacer en caso de maltrato.
- Información sobre recursos y derechos de las víctimas en materia de empleo, servicios sociales, ayudas económicas, recursos de información, de asistencia y de acogida para víctimas de este tipo de violencia.
- Asesoramiento jurídico.
- Atención en 51 idiomas.
- Derivación de llamadas realizadas por menores de edad al teléfono ANAR de Ayuda a Niños y Adolescentes: 900202010.
- Derivación de llamadas relacionadas con la trata de mujeres y niñas con fines de explotación sexual al teléfono del Ministerio del Interior: 900105090.

Reflexiona sobre el texto y exprésate

1 ¿Qué harías si fueras ministro o ministra y tuvieras las competencias sobre las situaciones de discriminación y de violencia contra las mujeres para combatirlas y erradicarlas?

2 El maltrato contra las personas, en particular contra la mujer, no solo consiste en la violencia física. ¿Puedes mencionar y explicar algún otro tipo?

Informaos y debatid en clase

3 Una de las propuestas más importantes para combatir el machismo es la denominada «discriminación positiva». Averiguad qué es y dónde y cómo se aplica.

4 Exponed vuestra opinión sobre estas medidas y sobre las consecuencias de la discriminación y de la violencia contra la mujer.

Los valores en la historia

Teresa de Calcuta, el valor de una mujer

Calcuta es una ciudad de la India que tiene más de cuatro millones de habitantes. Muchos de ellos viven en una situación de pobreza extrema. Allí desarrolló una labor extraordinaria una mujer muy menuda: la madre Teresa (1910-1997) se dedicó a atender a las personas enfermas y a los más desfavorecidos.

Su tarea ha logrado muchos reconocimientos y dado lugar a libros y a películas. Su fama se extendió por todo el mundo cuando recibió el Premio Nobel de la Paz en 1979.

«Viene varias veces al día a arrodillarse aquí, sobre un viejo saco de yute remendado, para pedirle a Dios fuerza e inspiración con el fin de continuar en su cruzada a favor de los más desprovistos, de los abandonados, de los leprosos, de los desesperados, de los parias, de los rechazados de todas las razas, de todas las castas, de todas las creencias. Es aquí donde la madre Teresa ha formado en su sacerdocio de amor, al servicio de los más pobres, a millares de muchachas venidas de todos los puntos de la India y del mundo para tomar el velo blanco orlado de azul de las Misioneras de la Caridad. [...] Cuando sus frágiles siluetas se dispersan por toda la ciudad, se diría que una ola de generosidad y de amor se propaga a su paso» (Dominique Lapierre, *Más grandes que el amor,* Seix Barral).

Reivindicamos la igualdad

Todos los años, el 8 de marzo se celebra el Día Internacional de la Mujer. En esa fecha suelen publicarse muchos datos que recuerdan hasta qué punto todavía persiste la discriminación de la mujer.

Parece una buena ocasión para llevar a cabo una Semana de la Igualdad en vuestro centro escolar. Pero si ya ha pasado, no es excusa, no se trata de un objetivo para un solo día del año.

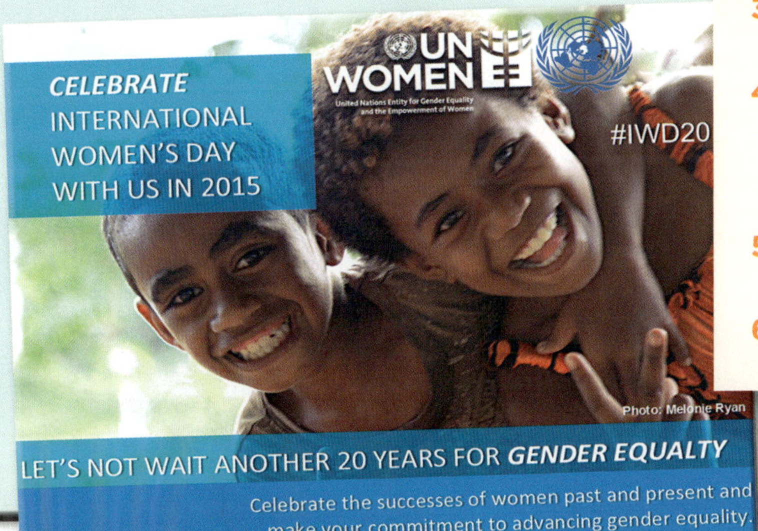

emprender aprender

La Semana de la Igualdad

Para organizar esta semana reivindicativa, podéis seguir algunas pautas:

1 Buscad información y datos sobre discriminación hacia la mujer y analizadlos en clase.

2 Dibujad carteles denunciando la discriminación de la mujer, en épocas pasadas y en la actual.

3 Organizad un pequeño concurso para premiar los tres mejores carteles.

4 Recopilad las campañas publicitarias sobre este tema que hayan emitido los medios de comunicación. Después, organizad una votación para elegir las mejores y proyectarlas en clase y en el centro.

5 Organizad debates sobre soluciones para la violencia machista y la discriminación en el trabajo.

6 Pedid a alguna mujer que venga a dar una charla.

10

Los retos de los derechos

Evitar la pobreza y las guerras

Desgraciadamente, los derechos humanos no se cumplen en el mundo como sería deseable. Hay muchos lugares donde se dan problemas terribles que dificultan su consecución, entre los que destacan dos: la pobreza y las guerras.

Los países más pobres han recibido distintas denominaciones, como «tercer mundo» o «Sur». Lo cierto es que su situación no puede ni debe dejarnos indiferentes.

La comunidad internacional ha tratado de remediar de varios modos la pobreza de muchos países. Además, también se contribuye a su promoción mediante las ONG.

En cuanto a los conflictos bélicos, son más frecuentes de lo que pensamos. La historia está llena de algunos terriblemente sangrientos.

Tanto la ONU como la UE se preocupan por la seguridad internacional y procuran acordar medidas que contribuyan a mejorarla.

Una de las fuerzas fundamentales para lograrlo son los «cascos azules», que dependen del Consejo de Seguridad de la ONU.

En esta unidad vas a estudiar

1. La situación de los países del tercer mundo.
2. La importancia de la solidaridad internacional.
3. Las amenazas de las guerras y de los genocidios.
4. La intención de la ONU y de la UE de resolver los problemas de la pobreza y de las guerras.

Reflexionamos

La devastación bélica

Desde el aire, el 13 parece tan alegre como el 12: las ruinas no echan humo, como el Capitolio nos muestra en la televisión, pero apenas queda vida sobre la superficie. En los setenta y cinco años transcurridos desde los Días Oscuros (cuando se suponía que el 13 había quedado destruido en la guerra entre el Capitolio y los distritos), casi todas las nuevas construcciones se han hecho bajo tierra. Ya había unas instalaciones subterráneas bastante grandes allí, desarrolladas a lo largo de los siglos como refugio clandestino de líderes gubernamentales en caso de guerra o como último recurso para la humanidad si la vida se volvía imposible en la superficie. Lo más importante para la gente del 13 es que se trataba del centro del programa de desarrollo de armas nucleares del Capitolio. Durante los Días Oscuros, los rebeldes del 13 lograron hacerse con el control del lugar, apuntaron con los misiles al Capitolio e hicieron un trato: se harían los muertos a cambio de que los dejaran en paz. El Capitolio tenía otro arsenal nuclear en el oeste, pero no podía atacar al 13 sin sufrir su venganza, así que se vio obligado a aceptar el trato. El Capitolio demolió los restos visibles del distrito y cortó todos los accesos desde el exterior. Quizá los líderes del Gobierno pensaron que, sin ayuda, el 13 moriría solo. Estuvo a punto de hacerlo unas cuantas veces, pero logró salir adelante gracias a un estricto racionamiento de recursos, una disciplina agotadora y una vigilancia continua ante posibles ataques del exterior.

Ahora los ciudadanos viven bajo tierra casi todo el tiempo.

Suzanne Collins, *Sinsajo*, RBA.

Dialogamos

1 ¿Qué os parece la situación del Distrito 13 que describe Suzanne Collins?

2 ¿Creéis que si hubiera una guerra en la actualidad podría ocurrir lo que ella cuenta?

3 Buscad información sobre la situación de posguerra en Alemania después de alguna de las dos guerras mundiales o en España después de la Guerra Civil.

4 En el texto se establece una relación entre la pobreza y la guerra que enfrentó al Capitolio con el Distrito 13. Debatid sobre esta relación en el mundo real.

1 La pobreza en el mundo

La pobreza es un mal que afecta a una parte importante de la humanidad. Muchos de los afectados están en nuestras sociedades y nos obligan a una generosidad y una solidaridad personales. Pero también se trata de un problema social global, ya que la pobreza provoca a menudo condiciones inhumanas de vida que hacen necesaria la colaboración internacional.

1.1 El tercer mundo

En plena Guerra Fría, cuando los países capitalistas eran liderados por Estados Unidos y los comunistas se agrupaban tras la protección de la Unión Soviética (actual Rusia), un grupo de naciones se reunió para tratar de plantear y de afrontar sus problemas juntos. Se trataba de aquellos países que no se habían alineado con ninguna de las dos grandes potencias políticas y cuyas voces no eran escuchadas ni consideradas porque tenían un problema común: la pobreza. Por ese motivo, en la década de 1950 se comenzó a popularizar el nombre «tercer mundo».

En 1955 se realizó una conferencia internacional en una ciudad de Indonesia, Bandung, a la que asistieron representantes de casi todos los países del sur de Asia y algunos de África. En ella pretendían dar respuesta a los graves problemas que habían dejado sin resolver las grandes potencias coloniales, de las que muchos de ellos acababan de independizarse. Sus participantes se comprometieron a respetar los derechos humanos proclamados en la ONU, a mantener y a exigir su respeto en todos los países y a cooperar entre ellos.

A partir de ese origen, la expresión «tercer mundo» fue modificando su significado. Poco a poco dejó de referirse a aquellos países que defendían una opción política diferente tanto a la del capitalismo como a la del comunismo. Cada vez más, se ha identificado con el subdesarrollo.

1.2 Los países del tercer mundo

Si se colorean en un mapamundi los países según su nivel de riqueza, es fácil observar que muchos de los más pobres se encuentran próximos entre sí, buena parte de ellos en América Latina, África y el sur de Asia. De ahí que sea frecuente referirse a la problemática como una división Norte/Sur.

Se trata de países con problemas comunes, como, por ejemplo, una economía basada más en la producción y en la exportación de materias primas y de manufacturas que en una industria y en una tecnología avanzadas.

Esta situación tan precaria en la que se encuentran empeora frecuentemente por calamidades como las hambrunas causadas por las pertinaces sequías, las catástrofes naturales para las que no han podido prepararse por falta de medios, las más graves injusticias sociales y políticas o las guerras cruentas en las que mueren miles de personas sin que lleguen ni siquiera a ser noticia en los medios de comunicación occidentales.

En los países del tercer mundo, las catástrofes naturales, las injusticias sociales y la inestabilidad política mantienen a millones de personas en la pobreza.

Mina de coltán en la República Democrática del Congo.

En muchas ocasiones, las materias primas son una maldición para los habitantes de los países pobres en los que abundan.

1.3 La continuación de la explotación

Con frecuencia, los países desarrollados obtienen productos baratos y recursos naturales de los países del tercer mundo y, al hacerlo, destruyen su medioambiente y explotan a parte de su población.

En buena medida, se trata de consecuencias de una colonización política que ha terminado, pero que ha dejado a los países en situación de una importante dependencia económica, agravada por la corrupción de las autoridades y por la inestabilidad política.

Un ejemplo muy notable es la extracción del coltán en el Congo, un mineral necesario para fabricar algunos componentes electrónicos de gran valor. En este tipo de minería se trabaja en condiciones durísimas y frecuentemente se producen accidentes en esas explotaciones.

La comunidad internacional tiene serias dificultades para conseguir que los derechos humanos y la justicia se apliquen en muchos de estos países.

Comprende, piensa, investiga...

1 ¿Qué significó originariamente la expresión «tercer mundo»? ¿Qué significa en la actualidad?

2 ¿Quiénes se reunieron en la Conferencia de Bandung y qué acordaron?

3 ¿Dónde se encuentra la mayoría de países del tercer mundo?

4 Averiguad más sobre la extracción del coltán. Podéis consultar alguna entrevista a Alberto Vázquez Figueroa o su libro al respecto. También se han grabado varios documentales.

2 Solidaridad internacional

2.1 Tan lejos, tan cerca

Resulta tentador pensar que los problemas que padecen las personas que viven en esos lugares son simplemente asunto de ellos y que se las apañen como puedan, pero, aparte de que esto muestra una gran falta de sensibilidad moral y social, es un punto de vista equivocado que asegura conflictos a corto plazo.

La globalización no significa solo que las multinacionales puedan vender su ropa o sus refrescos en cualquier parte, implica también que los productos que se manufacturan en Asia pueden ser vendidos aquí tan baratos que nuestras fábricas tengan que cerrar.

La miseria en los países europeos del Este o en África obliga a sus habitantes a cruzar nuestras fronteras para buscar un modo de sobrevivir. Además, nuestras relaciones con Hispanoamérica son especiales tanto desde el punto de vista económico como del cultural.

En un mundo globalizado también se contagian las prácticas destructivas, por lo que no cabe pensar que se puede vivir tranquilamente en un lugar maravilloso rodeado de otras personas completamente miserables, que emigran a los países ricos en busca de mejorar sus condiciones de vida. Incluso por motivos puramente egoístas, debemos ser altruistas, preocuparnos por los demás.

Muchas personas arriesgan su vida para escapar de los países pobres en busca de mejores condiciones de vida en los países desarrollados.

2.2 La ayuda oficial

Las naciones desarrolladas son conscientes de estos problemas y se comprometen con los países pobres para llegar a acuerdos que les permitan afrontar problemas comunes. Desde ese punto de vista, proponen programas de asistencia que suele coordinar la Organización para la Cooperación y el Desarrollo Económico (OCDE).

El objetivo es que los países ricos destinen una parte de su producto interior bruto (PIB) para ayudar a los que están en vías de desarrollo. Se aspira a que sea un 0,7 % del PIB. Pero la colaboración hasta ahora, en el caso de la mayoría de los Estados, no alcanza esas cifras y la que se aporta no llega a su destino con la eficacia que debería.

Además de este tipo de programas, de carácter permanente, a menudo se ponen en marcha campañas de solidaridad internacional ante catástrofes humanitarias, como pueden ser un terremoto, un tsunami o un huracán. En esos casos suele organizarse ayuda internacional, frecuentemente liderada por la ONU.

Se ha propuesto el objetivo de que los países ricos destinen el 0,7 % del PIB como ayuda oficial a los países en vías de desarrollo.

2.3 Las ONG

También existen otras formas de contribuir a mejorar la situación, como el comercio justo, coordinado, normalmente, por alguna ONG. Consiste en crear cooperativas en los países productores y asegurar que se paga su producción a un precio que permite una calidad digna de vida y un crecimiento sostenible a la comunidad de origen.

Las organizaciones se encargan de garantizar la calidad del producto y de su exportación. De esa manera, el comprador sabe que, con su dinero, no está contribuyendo a la explotación de ninguna persona.

Otras ONG asisten a personas necesitadas y organizan atención médica y sanitaria, así como prestaciones de servicios a personas desplazadas y huidas de conflictos bélicos, a mujeres desprotegidas, etc.

Claro que todas estas iniciativas en los países en vías de desarrollo no deben impedirnos valorar la importancia de la solidaridad con los más próximos, de la que se encargan otras ONG y también el Estado con sus programas de prestaciones y de ayudas de diversos tipos.

Comprende, piensa, investiga...

1 ¿Por qué no podemos ignorar los problemas de los países del tercer mundo?

2 ¿Cuáles son las dos líneas fundamentales de cooperación para el desarrollo?

3 Averigua y pon en común cómo colaboran los Estados desarrollados con los que están en vías de desarrollo.

4 Investigad sobre ONG que colaboren con países del tercer mundo para conocer de qué se ocupan y cómo lo hacen. Repartíos el trabajo y exponedlo en clase.

3 Las guerras y los genocidios

3.1 La crueldad en las grandes guerras

Desgraciadamente, en la historia de la humanidad ha sido muy frecuente que los conflictos entre países se hayan resuelto de manera violenta.

En Europa, en concreto, las dos guerras mundiales tuvieron consecuencias catastróficas. En la Primera Guerra Mundial murieron más de diez millones de personas entre 1916 y 1918, la mayoría europeas.

En la Segunda Guerra Mundial fallecieron más de setenta millones. En los años treinta y cuarenta del pasado siglo, la tecnología permitió crear armas devastadoras, hecho que sumado al número de países implicados y a la crueldad de los combates convirtió esta guerra en más mortífera que ninguna contienda anterior.

Desde el punto de vista español, todavía se recuerda el desastre que supuso la Guerra Civil, que tuvo lugar entre 1936 y 1939. Las víctimas superaron ampliamente el medio millón de personas y el sufrimiento se prolongó mucho tiempo.

No obstante, ha habido otras guerras con una enorme cantidad de víctimas que apenas conocemos porque nos parecen lejanas. Por ejemplo, la rebelión An-Shi, que tuvo lugar en el siglo VIII, que en siete años consumió la vida de cerca de treinta y cinco millones de chinos. Aunque el siglo XIX fue todavía peor, puesto que en China se encadenaron diferentes conflictos (guerras del opio, y las rebeliones de Taiping, Panthay y Dungan) que sumaron entre sesenta y cien millones de muertos.

3.2 La inhumanidad de los genocidios

En muchos casos, incluso se han producido intentos de acabar con pueblos enteros, lo que se conoce como genocidios. El más conocido es el Holocausto judío, pero no fue el primero ni ha sido el último.

Cuando los nazis llegaron al poder en Alemania, en el segundo tercio del siglo XX, pusieron en marcha un sistema atroz de exterminio sistemático en campos de concentración que pretendía acabar con todo el pueblo hebreo y que provocó la muerte a cerca de seis millones de judíos. También asesinaron a otras minorías étnicas y a sus enemigos políticos.

Más próximo a nosotros en el tiempo y muy conocido por su crueldad, podemos mencionar el genocidio que perpetraron los hutus sobre los tutsis en Ruanda en el año 1994. Las imágenes que llegaron a través de los medios de comunicación reflejan una crueldad y un odio terribles. Si al principio supuso la muerte de casi un millón de personas, su prolongación en el tiempo eleva la cifra a cerca de cinco millones.

Cuando se producen estas situaciones, se despierta una animadversión irracional hacia quienes hace poco eran vecinos, que, de repente, son vistos como seres monstruosos a los que se pretende aniquilar simplemente por haber nacido en otra región o tener un aspecto, una religión, unas creencias o unas costumbres diferentes.

Los grandes avances tecnológicos y la crueldad de los combates provocaron una catástrofe humanitaria en la Segunda Guerra Mundial.

Las guerras producen crisis humanitarias por el desplazamiento de las personas que buscan refugio en zonas seguras en las cuales no tienen medios de vida y sobreviven gracias a la ayuda internacional.

3.3 El drama de las personas refugiadas

Además de los muertos, las guerras suponen frecuentemente grandes desplazamientos de población, personas que huyen de la violencia, que se enfrentan a enormes dificultades para continuar con su vida. Deben abandonar casi todo lo que tienen y escapar a otro lugar en gran número, donde no pueden integrarse con facilidad. Esto suele desencadenar crisis humanitarias difíciles de resolver. El derecho de asilo, reconocido en la Declaración Universal de los Derechos Humanos (artículo 14), es muy difícil de aplicar en la práctica.

En la actualidad sigue habiendo muchas situaciones de conflicto. A veces se trata de guerras abiertas; en otros casos, de guerrillas; pueden ser conflictos nacionales o internacionales; o bien pueden ser causados por organizaciones terroristas.

Comprende, piensa, investiga...

1 ¿Cuáles de los anteriores conflictos bélicos conocías y cuáles no? ¿Por qué crees que hay algunos en los que murieron muchas personas y que nos resultan poco conocidos?

2 Buscad información sobre conflictos violentos en la actualidad. En grupos, elaborad un informe sobre uno de ellos y exponedlo en clase.

3 Explica qué es un genocidio. Busca algún ejemplo.

4 Averiguad qué significa la máxima latina «Si vis pacem para bellum» y por qué se dice. Debatid sobre ella.

4 La comunidad internacional

4.1 La ONU

En 1945 se reunieron los representantes de 51 Estados para fundar la Organización de las Naciones Unidas. Posteriormente se han ido incorporando países hasta alcanzar una cantidad próxima a los doscientos. Todos ellos deben velar por los derechos humanos y es frecuente que se impongan sanciones de tipo económico a aquellos que los incumplen.

La ONU cuenta con una Corte Internacional de Justicia cuya sede se encuentra en La Haya, en Holanda. Se encarga de decidir, conforme al derecho internacional, las controversias de orden jurídico entre Estados. Su objetivo es buscar por medios pacíficos el arreglo de situaciones que comprometan la paz internacional.

Otro de sus órganos principales es el Consejo de Seguridad, encargado de mantener la paz y la seguridad en el mundo. Todos los países que forman parte de la ONU se comprometen a aceptar y a cumplir las resoluciones que adopte este Consejo.

Cuando se le presenta una controversia, la primera medida del Consejo es, generalmente, recomendar a las partes que lleguen a un acuerdo entre ellas por medios pacíficos. Puede imponer embargos o sanciones económicas, y también autorizar el uso de la fuerza para hacer cumplir los mandatos. Para esto último dispone de unas fuerzas armadas conocidas como los «cascos azules».

Corte Internacional de Justicia de La Haya.

La ONU dispone de varios organismos que velan por el mantenimiento de la paz internacional cuando se produce un conflicto entre Estados.

4.2 Los «cascos azules»

Las Naciones Unidas acordaron formar este cuerpo de mediación militar dispuesto para intervenir en los conflictos en cualquier parte del mundo manteniendo la neutralidad política.

Ciento diez países contribuyen aportando personal de sus ejércitos para mantener la seguridad internacional. El número de efectivos de estas fuerzas supera los cien mil militares. Entre sus misiones fundamentales están vigilar las fronteras, supervisar acuerdos de paz y procurar la seguridad y la protección de la población civil.

Como son un cuerpo de seguridad, su función no es la de combatir en contra de ningún Gobierno ni grupo, sino más bien velar por el bienestar de la población civil.

Los «cascos azules» de la ONU son fuerzas de interposición para mantener la paz entre los contendientes enfrentados en un conflicto.

4.3 La Unión Europea

La Unión Europea se creó en 1958. Si bien comenzó siendo una alianza de tipo económico y comercial, ha ido incorporando capacidades de decisión política, lo que ha permitido, por ejemplo, que se tomen decisiones comunes a la hora de negociar con países extranjeros.

Esto es muy importante en asuntos que afectan a cuestiones militares, dado que la coordinación de los ejércitos europeos, junto a sus aliados de la Organización del Tratado Atlántico Norte (OTAN), los convierte en una fuerza capaz de disuadir a otros países de atacar a cualquiera de sus miembros. Gracias a ello, se ha conseguido que la paz y la estabilidad hayan predominado en los últimos cincuenta años en Europa occidental.

Entre los principales valores que defiende la Unión Europea se encuentran la dignidad humana, la libertad, la democracia, la igualdad, el Estado de derecho y el respeto a todas las personas. Por todo ello, favorece los derechos humanos tanto dentro como fuera de sus fronteras.

No es extraño, por tanto, que en los países que forman parte de la Unión Europea se procure que la población estudiante reciba formación en áreas que promuevan ese tipo de valores.

Comprende, piensa, investiga...

1 Entra en la página web de la ONU y visita lo que expone sobre algunas de sus campañas.

2 ¿Piensas que puede ser útil la Corte Internacional de Justicia? ¿Qué debe hacerse si lo que se decide en ella es diferente de lo que se juzgó en un país?

3 Visita la zona infantil de la página web de la Unión Europea, prueba alguno de sus juegos y anota lo que aprendas.

4 Averigua qué es la OTAN, qué países la forman y cómo funciona.

Taller de valores

Aplica tus competencias

La libertad es uno de los derechos humanos más importantes, pues bajo la dominación de un tirano estamos sometidos a su voluntad y, en esa situación, no podemos ejercer nuestros derechos.

En las dictaduras, se violan sistemáticamente los derechos humanos, pues a la ciudadanía no se le reconocen sus derechos ciudadanos y se les prohibe oponer ninguna resistencia al poder sin límites que se ejerce sobre ellos. Solo se prospera al servicio del poder, pero a cambio de sacrificar la libertad.

Naturaleza de la tiranía

«¿Cómo puede ser que tantos hombres, tantos burgos, tantas ciudades, tantas naciones soporten a un solo tirano, que no tiene más poderío que el que se le concede y que no tiene capacidad de dañar sino en tanto se le aguanta, que no podría hacer mal a nadie si no se prefiriera soportarle a contradecirle? Gran cosa es, y más triste que asombrosa, ver a un millón de hombres someter su cuello al yugo, no obligados por una fuerza mayor, sino por el solo encanto del nombre de uno».

Bajo el poder de un tirano

El texto citado más arriba fue escrito por Étienne de la Boétie, escritor y político francés que vivió en el siglo XVI, a los 18 años de edad. En tales términos se expresaba en su escrito *Discurso sobre la servidumbre voluntaria.*

En esta obra exponía una crítica al absolutismo y un análisis de los motivos de la sumisión o dominación.

Según este prometedor autor, que murió de peste a la edad de 33 años, la servidumbre es tolerada, finalmente, por propia voluntad, pues el dominado tiene en su mano rebelarse y acabar con su dueño o tirano.

Pero la liberación no es tan fácil, pues las circunstancias condicionan nuestra voluntad e impiden que nos alcemos contra quienes nos dominan.

Comprende el texto y exprésate

1 **Analizar.** Reflexiona sobre los motivos por los que la ciudadanía se somete a dictadores crueles en determinadas circunstancias.

2 **Evaluar.** A continuación, imagina las siguientes situaciones y piensa en cómo influirían en tu actitud ante la opresión política:

- Tu hermano o hermana, tu madre o tu padre o un familiar muy querido está en la cárcel por rebelión y será castigado si te sublevas contra el poder establecido.
- No tienes familia y nada que perder salvo tu buena posición económica.
- Tienes un hijo o una hija menor de edad y si te apresan, no podrás ocuparte de él.
- Las redes sociales o la clandestinidad te permiten criticar al tirano corriendo menos riesgos.

Buscad información

3 Investigad sobre países que se hallen actualmente sometidos a dictaduras y tiranías. Después, ubicadlos en un mapa.

Aprende a debatir

4 ¿Consideras que la tiranía tiene alguna justificación? Piensa en si un buen nivel de vida o la libertad en la esfera privada compensan la pérdida de las libertades políticas, la capacidad de los ciudadanos de intervenir en los asuntos públicos o no.

Los valores en la historia

Kampuchea, un país sin derechos

En la actual Camboya, entre los años 1975 y 1979, se instauró un régimen de terror. Liderados por Saloth Sar, más conocido como Pol Pot, los miembros del partido de los Jemeres Rojos derrocaron por las armas al gobierno que dirigía el país.

Pol Pot cambió el nombre de Camboya por el de Kampuchea, prohibió el dinero, el comercio y las escuelas, implantó un nuevo calendario y cerró las fronteras del país al resto del mundo para evitar cualquier influencia extranjera.

Con su política de terror, abolió todos los derechos y libertades, destruyó los centros urbanos y obligó a su población a trasladarse al campo y a vivir como agricultores. Todos los intelectuales y personas con estudios fueron sospechosos de no apoyar sus medidas y asesinados.

Cuando el gobierno de Pol Pot fue derrocado por las tropas vietnamitas, los Jemeres Rojos habían exterminado en campos de trabajo a entre un millón y medio y dos millones de personas.

emprender aprender

Analizamos la situación de los derechos humanos en el mundo

Hemos visto que dos de los principales problemas que impiden el cumplimiento de los derechos humanos en el mundo son la pobreza y las guerras.

En los siguientes mapas puedes ver cómo se distribuye la pobreza por países y los conflictos armados abiertos en la actualidad.

Lo que proponemos es que analicéis si hay alguna correlación entre ambas situaciones; es decir, si los países en los que hay guerra están también entre los más pobres del mundo. Para ello, os vamos a pedir que recopiléis alguna información previa.

1 ¿En qué zonas se concentran los países más pobres del mundo? ¿Y los conflictos?

2 En grupos, elegid uno de los países más pobres y más conflictivos, y reunid información sobre él.

3 El Índice de Desarrollo Humano (IDH) mide el nivel de vida, la educación y la salud de una población. Buscad este indicador en Internet y comprobad su nivel en los países que habéis estudiado. ¿Tiene alguna relación con los mapas?

Distribución de la pobreza en el mundo

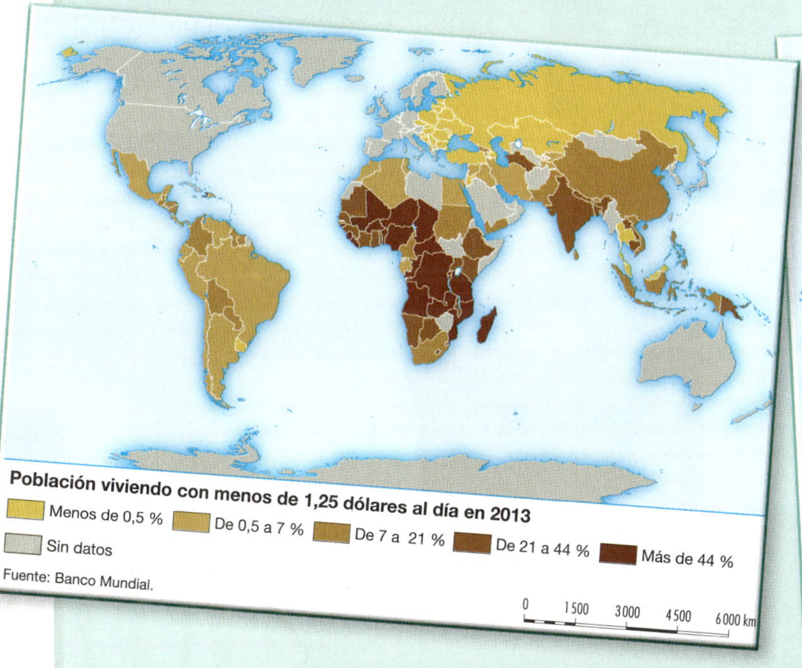

Conflictos actuales en el mundo

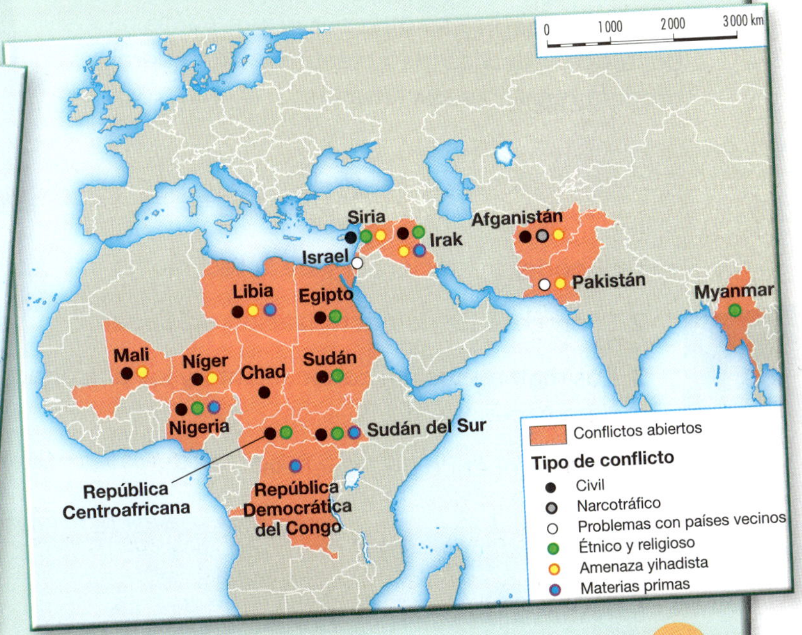

11

El poder de la información: la ciencia y la ética

La ética aplicada a la ciencia

La ciencia ha cambiado nuestra idea del mundo y la forma de relacionarnos con la naturaleza y entre nosotros mediante la tecnología.

Los medios de comunicación de masas y las tecnologías de la comunicación han convertido nuestro mundo en una aldea global, con peligro para la diversidad cultural existente.

El saber empezó a democratizarse con la imprenta. En las sociedades democráticas, la opinión pública tiene un papel fundamental en la toma de decisiones políticas y económicas.

La investigación científica origina innovaciones tecnológicas que influyen en las formas de vida y en los valores. De aquí deriva el control político de la ciencia y de la tecnología.

La ética, aplicada a las profesiones, constituye la deontología.

La ciencia médica se guía por el juramento hipocrático y la actividad científica, en general, procura regularse éticamente.

En esta unidad vas a estudiar

1 El poder de la ciencia y de la tecnología.

2 El proceso de democratización del saber.

3 Los malos usos del conocimiento y las dificultades para acceder a él.

4 El control ético de la ciencia.

Reflexionamos

¿Necesitamos la ciencia?

—La biotecnología lleva existiendo mucho tiempo, aunque no siempre fue tan eficaz —dice Caleb mientras empieza a comerse el borde de la tostada; antes se ha comido el centro, como hacía cuando era pequeño.

Está sentado frente a mí en la cafetería, en la mesa más cercana a la ventana. En la madera, a lo largo del borde de la mesa veo grabadas las letras de y te unidas por un corazón, tan pequeñas que casi ni las veo. Las recorro con los dedos mientras mi hermano sigue hablando.

—Pero hace un tiempo, los científicos eruditos desarrollaron una solución mineral muy efectiva. Era mejor para las plantas que la tierra. Es una versión inicial de ese ungüento que te pones en el hombro; acelera el crecimiento de nuevas células.

Tanta información lo tiene descontrolado. No todos los eruditos están hambrientos de poder y faltos de conciencia, como su líder, Jeanine Mathews. Algunos son como Caleb: personas a las que todo fascina, que no se sienten satisfechas hasta saber cómo funcionan las cosas. [...]

No me sienta bien saber lo mucho que nuestra sociedad necesita a los eruditos para funcionar. Sin embargo, sí que son esenciales: sin ellos nuestra agricultura sería poco eficaz, nos faltarían tratamientos médicos y no contaríamos con avances tecnológicos.

Le doy un mordisco a mi manzana.

—¿No te comes la tostada? —pregunta.

—El pan sabe raro. Quédatela si quieres.

Veronica Roth, *Insurgente*, RBA.

Dialogamos

1 En este texto se habla de cómo la ciencia influye en una sociedad. ¿Creéis que está basado en hechos reales o que solo es ciencia ficción?

2 Describid cómo ha modificado la ciencia nuestro mundo y debatid si nuestra sociedad «necesita» a los científicos para continuar existiendo y avanzando.

1 Saber es poder

1.1 La capacidad humana de saber y transformar

La ciencia nos informa sobre cómo es el mundo, sobre los hechos que en él ocurren y las leyes que los gobiernan.

La revolución científica del siglo XVII, al fundamentar su eficacia en la precisión matemática y en la experimentación, convirtió la ciencia en el conocimiento humano más importante. Junto a ella, los seres humanos ya disponían de la técnica, un saber práctico para dominar la naturaleza.

Lo que más ha contribuido a dar una situación privilegiada a las ciencias entre los diferentes saberes son sus aplicaciones técnicas, su contribución a la mejora de la calidad de vida de la gente. A esta dimensión de la ciencia se la conoce como «ciencia aplicada».

La técnica comenzó siendo un saber hacer basado en la experiencia. Desde sus primeros pasos, la ciencia moderna utilizó instrumentos (lentes, planos inclinados, mapas, documentos, recetas...) que elaboraban maestros artesanos. Pero, a partir de la Revolución Industrial, la ciencia es la base teórica de la técnica, lo que ha dado origen a la tecnología.

1.2 El poder de la ciencia

La ciencia ha cambiado nuestro modo de ver el mundo. Si en el cristianismo medieval el mundo era el resultado de la Creación divina, la ciencia estudia átomos y fuerzas mecánicas que analizamos como corpúsculos u ondas.

Creación de Adán, Ermita de la Vera Cruz de Maderuelo (Museo del Prado, Madrid).

La ciencia cambió la visión medieval del mundo como resultado de la Creación divina por un universo compuesto de átomos sometidos a fuerzas mecánicas.

Pero, además, el conocimiento científico, por medio de la tecnología moderna, ha variado nuestra forma de relacionarnos con la naturaleza y con los demás, transformando el mundo natural en un mundo artificial, en el que incluso lo natural, como los jardines o los bosques, se conservan y se mantienen con ayuda de la tecnología. No obstante, este poder no ha sido utilizado siempre para mejor, sino que, a veces, ha ocasionado graves daños.

Las profundos cambios que la ciencia ha producido en nuestra comprensión y en nuestra relación con el mundo y con los otros seres humanos han contribuido también a modificaciones en el ámbito moral.

Ejemplo de estas transformaciones pueden ser las rehabilitaciones efectuadas por la Iglesia católica de la obra de Galileo, en 1992, o de la de Darwin, en 1996, teorías que había condenado porque consideraba que contradecían la doctrina cristiana.

Guerrero masái.

La globalización tiende a uniformar a las personas reduciendo la gran diversidad cultural de la humanidad.

1.3 El poder de la información

Los medios de comunicación de masas han convertido nuestro mundo en lo que Marshall McLuhan llamó una «aldea global», un mundo que está al alcance de la mano, a la vista, reducido, en el que cualquier noticia en cualquier parte del mundo puede conocerse de forma inmediata: en un mundo globalizado.

El fenómeno de la globalización es muy complejo y tiene enormes repercusiones sobre nuestras vidas. Centrándonos exclusivamente en el aspecto cultural, por un lado, tiende a uniformar (quizá deberíamos decir a occidentalizar) la gran diversidad de culturas y, por otro, anima a luchar por la supervivencia de esas mismas culturas y creencias.

Pero la información tiene un sentido más universal, por ejemplo, cuando nos referimos a las tecnologías de la información y la comunicación. En estas tecnologías, cualquier tipo de informe puede ser trasmitido, manipulado y utilizado para diferentes fines, no solo las noticias.

La generalización de estas tecnologías afecta a todos los órdenes de la vida, desde los más personales a los globales y políticos, y ha dado lugar a lo que se conoce como sociedad de la información, por contraste con la sociedad industrial. Un ejemplo de su importancia es el papel decisivo que tuvieron las redes sociales en las elecciones presidenciales de Estados Unidos que dieron el triunfo a Barack Obama.

Comprende, piensa, investiga...

1. En grupos, investigad sobre la revolución científica del siglo XVII, sus principales protagonistas y sus descubrimientos.
2. Debatid sobre la globalización: sus características y sus consecuencias en nuestra vida actual. Elaborad una presentación en clase con vuestras conclusiones.
3. Pensad y poned en común cómo han influido en vuestra forma de relacionaros los programas de mensajería instantánea y las redes sociales.

2 La posibilidad de saber

2.1 El saber como un privilegio

Si volvemos la vista atrás en la historia, podemos comprobar que los gobernantes muy pronto tuvieron conciencia de la poderosa fuerza que constituía el conocimiento. Por ejemplo, en el Egipto de los faraones el saber se concentraba en manos de la casta sacerdotal que estaba al servicio del faraón.

En Grecia, Platón consideraba que el gobierno más perfecto y más beneficioso para la ciudad debía estar en manos de los sabios, de los filósofos, que, a su vez, debían ser elegidos cuidadosamente entre los mejores de la *polis.*

La Iglesia católica contó siempre con un cuerpo de eclesiásticos que se dedicaban al estudio de las doctrinas cristianas y cuya misión fundamental era la *apologética;* esto es, la defensa de la verdad cristiana frente a sus detractores o a los herejes.

En estos casos y en otros parecidos, sobre todo con anterioridad a la universalización de la democracia, el saber estaba al servicio de los poderes político o religioso, y solo tenían acceso a él las élites privilegiadas, mientras que el pueblo se mantenía en la ignorancia.

Durante la mayor parte de la historia de la humanidad hasta la actualidad, el saber ha sido un privilegio de unos pocos, como, por ejemplo, los monjes en la Edad Media.

2.2 La democratización del saber

Hasta la aparición de la imprenta, la difusión del saber se hacía a través de manuscritos elaborados por monjes en los *scriptoria,* o escritorios, creados al efecto. Las esculturas en los templos eran para el pueblo, que ni podía ni sabía leer: era un modo de representar y de divulgar los dogmas cristianos.

La invención de la imprenta supuso un salto cualitativo en la difusión del saber. De pronto, los textos empezaron a circular por Europa, por lo que ahora ya tenía sentido aprender a leer. Así comenzó a extenderse el círculo virtuoso del conocimiento.

Lutero, impulsor de la Reforma protestante, defendía en el año 1517 que cada cristiano podía leer e interpretar libremente la Biblia, lo cual hizo que los creyentes desarrollaran su propio pensamiento.

La mecha del pensamiento libre estaba encendida y no tardó en extenderse rápidamente por toda Europa.

Ya en el siglo XVIII, la Enciclopedia contribuyó a la democratización del saber desde presupuestos laicos y racionalistas. Toda persona ilustrada tenía un ejemplar de esta obra en su casa.

2.3 La opinión pública

Se entiende por opinión pública el conjunto de ideas, creencias, costumbres y valores que tiene la mayoría de una determinada sociedad.

Aunque todas las culturas han tenido una opinión pública, solo en las sociedades democráticas actuales ha adquirido una importancia fundamental, pues si la democracia es el gobierno del pueblo, conocer la opinión popular tiene un gran interés para los gobernantes.

Y no solo es importante conocerla, sino, sobre todo, orientarla o manejarla hacia sus propios intereses. Así que entre los distintos medios de comunicación social, en particular la prensa diaria, la radio y la televisión, la información tiene también diferentes matices y puntos de vista para tratar de influir en la gente y crear opinión pública. Por eso, la libertad de prensa es consustancial a la democracia, pues es un medio muy poderoso para que la ciudadanía se forme su propia opinión y que esta pueda llegar a ser pública.

En la actualidad, sobre todo en las sociedades tecnológicamente más avanzadas, la opinión pública se crea de abajo hacia arriba; es decir, surge de los ciudadanos y ciudadanas que, a través de las redes sociales, lanzan propuestas, iniciativas y reclamaciones que generan una adhesión de otros ciudadanos y ciudadanas, en muchos casos, consiguen lo que pretenden, por ejemplo, cambiar una ley que consideran injusta o proyectos que no convienen para el bien común.

Comprende, piensa, investiga...

1 **Analizar.** Cuando alguien te dice que el que puedas asistir al colegio o al instituto es un privilegio, ¿cómo entiendes esta afirmación? ¿Tiene algo que ver con lo que hemos dicho sobre «el saber como un privilegio»?

2 ¿Creéis que los libros digitales van a favorecer una mayor difusión de la lectura? Debatidlo en clase.

3 Expón con tus palabras lo que has entendido por «opinión pública». ¿Por qué es tan importante en nuestra sociedad?

En las sociedades democráticas, los medios de comunicación tienen una gran relevancia, pues influyen en las personas y ayudan a crear la opinión pública.

3 El mal uso del saber

3.1 Los fines de la investigación científica

La actividad científica constituye un complejo sistema que va desde la investigación hasta la divulgación. En los países desarrollados, la ciencia y la política científica forman una gran estructura que produce un gigantesco avance del saber.

El progreso de la ciencia no consiste habitualmente en realizar grandes descubrimientos, algo que sucede en muy pocas ocasiones. En concreto, la investigación en la actualidad siempre se desarrolla en equipos, siguiendo reglas y procedimientos rigurosos de actuación y con mucha dedicación de tiempo y de dinero.

En ese contexto, la investigación se orienta fundamentalmente a la actividad rutinaria de resolución de problemas concretos que se presentan en un programa de investigación definido.

La investigación afecta a toda la sociedad no solo incrementando nuestro conocimiento, sino también económicamente, por las innovaciones tecnológicas que origina y, sobre todo, por las repercusiones que tiene sobre las formas de vida y los valores.

De aquí se deriva la necesidad del control político de la ciencia y también la necesidad del control ciudadano de esa dimensión de la política como de cualquier otra.

La investigación científica es uno de los factores que más influyen en el aumento del bienestar y en el auge económico de los países desarrollados.

3.2 Imposturas científicas

La ciencia está en muchos casos sometida a una gran presión social, económica e incluso política para obtener resultados. Por ejemplo, las becas públicas a la investigación se dan por un tiempo determinado en el que hay que presentar resultados y los patrocinios privados de empresas están sujetos a la obtención de avances.

Por otra parte, en los ambientes científicos existe una gran competitividad entre equipos de investigación que están trabajando simultáneamente en los mismos campos. Todo esto explica, aunque no justifica, algunos fraudes que se producen con cierta frecuencia.

Un ejemplo muy conocido es el del científico surcoreano Hwang Woo Suk, quien anunció públicamente en la revista *Science* la clonación de células embrionarias humanas y, posteriormente, en 2005, se descubrió que todo había sido un engaño. Ahora bien, antes de él hubo otros muchos casos, como el del hombre de Piltdown, supuesto eslabón perdido de la evolución que resultó ser una mezcla de distintos huesos de simios y humanos.

El científico surcoreano Hwang Woo Suk protagonizó uno de los fraudes científicos recientes más conocidos.

3.3 El acceso al saber

El saber no debe encadenarnos, sino liberarnos. Un problema en nuestras sociedades es quién tiene acceso al saber.

Hay países en los que su población más joven tiene problemas para acceder a la enseñanza elemental y secundaria, y no digamos ya a los estudios universitarios o a la investigación. En otros países, los mejores cerebros científicos y técnicos tienen que emigrar a los países tecnológicamente avanzados para continuar sus estudios o especializarse. Como consecuencia, la brecha científico-tecnológica entre países ricos y países pobres se va haciendo cada día más grande.

Otro peligro que amenaza nuestro acceso al saber es la posibilidad de patentar ecuaciones matemáticas o algoritmos o, incluso, seres vivos obtenidos mediante ingeniería genética. Hasta ahora, ni las fórmulas matemáticas ni los seres vivos se podían patentar, porque eran productos de la naturaleza y, por tanto, patrimonio de la humanidad.

Muchos equipos científicos y matemáticos consideran que abrir esta puerta coarta la circulación de las ideas y el derecho universal al saber y que, además, provocará muchos pleitos jurídicos.

Comprende, piensa, investiga...

1 Busca información sobre cuáles son los fines de la política científica en España.

2 Averigua algunos engaños científicos famosos. ¿Cómo calificarías estos hechos desde el punto de vista moral?

3 Debatid en clase sobre si el acceso al conocimiento es un derecho humano.

4 La auténtica sabiduría

4.1 El saber práctico

El término «práctico» se refiere a las acciones en cuanto que tienen como finalidad el perfeccionamiento del sujeto que las realiza. En este sentido, «acción práctica» se diferencia de «acción técnica».

De la dimensión práctica de la acción se ocupan, sobre todo, la ética y la política, pues ambas tienen como objetivo hacer mejores a los seres humanos, sea como individuos sea como sociedad.

Si la ética es un saber práctico, nos deberíamos preguntar ¿es necesario saber para ser bueno? Sí, pero no un saber teórico, sino práctico. Es decir, tenemos que aprender a reconocer la sabiduría del que obra con prudencia, del que actúa con justicia; en definitiva, a apreciar la bondad de las personas que llamamos «buenas personas». Por ello, es tan importante estudiar ética.

Pero también tenemos que hacer, tenemos que actuar, porque solo así el saber es práctico y nos convertimos en mejores personas.

Las tecnologías de la información abren muchas posibilidades de acceder a múltiples fuentes de información y a nuevas formas de aprendizaje personal, pero hay que aprender a usarlas de forma segura y crítica.

4.2 Nuevas posibilidades

Las nuevas tecnologías de la información nos abren posibilidades de acceso a multitud de fuentes de conocimiento y también nos posibilitan acceder a un modo de aprendizaje personal: los llamados PLE *(Personal Learning Environment).*

Se trata de un enfoque que le puedes dar a tu forma de aprender, desde tu ordenador, gracias a las oportunidades que ofrece Internet de disponer de herramientas y de recursos para buscar, filtrar y ordenar información, para crearla y compartirla a través de ellos (blogs, wikis, marcadores sociales, RSS, podcast, etc.).

Con estas herramientas podemos hacer mucho más provechosa nuestra relación con estas tecnologías y colaborar con otras personas en torno a temas, materias o asignaturas que te interesen o te planteen dificultades.

En todo caso, tienes que desarrollar tu capacidad para usar de forma segura y crítica estas tecnologías aplicadas al aprendizaje, la comunicación y el trabajo colaborativo, buscando, filtrando y gestionando la información según tus necesidades e intereses.

4.3 Ética y práctica científica

La ética afecta a todos los órdenes de la vida y, por supuesto, también a nuestras profesiones. Se llama «deontología» a aquella aplicación de la ética a una profesión determinada.

Uno de los más famosos códigos deontológicos conocidos es el juramento hipocrático, llamado así en honor a Hipócrates, quien lo hizo obligatorio en la escuela médica de Coos en el siglo V a. C. Otro médico, Galeno, en el siglo II, le dio su forma definitiva, que todavía hoy juran los profesionales de la medicina, con modificaciones para actualizarlo a los avances científicos y a la sociedad de nuestros días.

La deontología de la ciencia orienta la actividad científica a su objetivo esencial: el aumento del conocimiento, pero no a cualquier precio. Analizando las mejores prácticas científicas, el sociólogo Robert K. Merton ha hecho una selección de los principios capitales de lo que él llamó el «*ethos* de la ciencia»:

1) Universalismo: los juicios científicos deben ser objetivos y excluir los particularismos; es decir, deben ser impersonales.
2) Comunismo: la ciencia es una empresa colectiva y sus resultados deben comunicarse y hacerse públicos. Aunque sean obtenidos por una persona particular, deben considerarse propiedad pública.
3) Desinterés: la ciencia debe actuar de forma desinteresada. El fraude científico conlleva la expulsión de la comunidad científica.
4) Escepticismo organizado: ante las creencias y los posibles nuevos conocimientos se debe mantener una actitud de suspensión del juicio, a la espera de un examen minucioso con criterios empíricos y lógicos.

Comprende, piensa, investiga...

1 Pon ejemplos de acciones prácticas y de acciones técnicas. ¿Son distintas? ¿Pueden ser dos versiones de la misma acción?

2 ¿Qué ventajas y qué inconvenientes les veis a los entornos personales de aprendizaje (PLE, en sus siglas en inglés)? ¿Podrían sustituir totalmente las clases presenciales?

3 Haced grupos y en cada uno elegid una profesión. Investigad sobre la deontología correspondiente.

Equipo científico realizando una investigación oceanográfica.

La actividad científica debe estar sometida a criterios deontológicos para aumentar el conocimiento en beneficio de toda la humanidad.

Taller de valores

Aplica tus competencias

La aplicación de los descubrimientos científicos teniendo en cuenta criterios morales es un problema de plena actualidad. El poder que la ciencia y la tecnología actuales han otorgado al ser humano exige que se haga un uso prudente y respetuoso con los derechos humanos de la capacidad humana de transformar el mundo con ayuda del saber.

La responsabilidad científica

La ciencia es un conjunto de prácticas racionales que genera conocimiento y sirve para comprender y transformar la naturaleza y la sociedad. Su avance se transforma en aplicaciones que producen muchos beneficios.

Sin embargo, algunos profesionales de la ciencia opinan que este avance no está repartiendo sus frutos de manera equitativa ni responsable. Así, en México, en julio de 2006, un grupo de especialistas de campos diversos se asociaron para fundar una organización sin ánimo de lucro: la Unión de Científicos Comprometidos con la Sociedad (UCCS).

Como ellos mismos exponían, estaban dispuestos a asumir su responsabilidad ética frente a la sociedad y el medioambiente. Aún siguen activos y su objetivo continúa siendo fomentar la discusión libre y abierta sobre el papel de la ciencia, especialmente en México.

Además, la UCCS asume el compromiso de encauzar los frutos de la ciencia y de la tecnología en beneficio de la sociedad y colaborar en la vigilancia y el control de los riesgos que ellas mismas generan.

Para leer el manifiesto completo, las causas que lo originaron, sus objetivos y los programas de acción que llevan a cabo, busca en Internet «Manifiesto de la Unión de Científicos Comprometidos con las Sociedades».

Comprende el texto y exprésate

1 Según la UCCS, el quehacer científico debe realizarse de manera éticamente responsable, privilegiando los principios de sustentabilidad, equidad, democracia y justicia. ¿Consideras que estos objetivos ético-políticos son tarea de la ciencia?

2 **Juzgar.** ¿Qué papel ha de desempeñar la ciencia: tiene una responsabilidad ética o ha de ser neutral desde el punto de vista moral?

3 Imagina que te dedicas a la investigación científica y que has conseguido un importante avance en tu campo de investigación. ¿Compartirías tu hallazgo con la sociedad o con otro grupo de investigación? De comunicar tu descubrimiento, ¿lo patentarías previamente para obtener beneficios o lo donarías a la sociedad?

4 Ahora imagina que no te dedicas a la investigación científica. ¿Harías una donación para apoyar un proyecto científico?

5 Los avances científicos y técnicos han permitido elevar la calidad de vida de la humanidad en general; sin embargo, sus beneficios se han distribuido de forma muy desigual en el mundo. Debatid cómo se podría cambiar esta situación.

6 ¿Crees que la ciencia ha de financiarse con los beneficios de sus descubrimientos o que ha de ser financiada por el Estado?

Busca información

7 Averiguad si existe alguna asociación mundial de investigación científica para lograr fines éticos como la paz o la igualdad e informaos sobre sus objetivos.

Los valores en la historia
Físicos para la guerra y para la paz

Niels Bohr (1885-1962) fue un físico danés que obtuvo el Premio Nobel de Física en 1922 por sus investigaciones sobre la estructura del átomo y la radiación. El bohrio es un elemento de la tabla periódica que lleva ese nombre en su honor.

Formó, junto con Albert Einstein y Werner Heisenberg, entre otros, el grupo de científicos que conocía el funcionamiento de la explosión atómica (la fisión nuclear), pero que, a la vez, adivinaban su potencial militar y de destrucción.

Bohr se oponía a investigar con fines bélicos y, en 1943, en plena ocupación nazi de Dinamarca, se exilió primero en Suecia, luego en Londres y, finalmente, en Estados Unidos, donde estuvo al servicio del ejército norteamericano para desarrollar la bomba atómica.

De esta forma, Bohr mantuvo una postura de rechazo y, a la vez, de colaboración acerca del uso militar del avance científico.

En 1952 ayudó a crear el CERN en Suiza, que hoy es el mayor centro de investigación del mundo en física nuclear, y, en 1958, organizó la conferencia mundial «Átomos para la paz».

emprender aprender

Realizamos una encuesta

Para analizar datos, las ciencias sociales han de manejar muchas variables, entre las cuales se incluyen algunas un tanto difusas o poco controlables, como las emociones, los deseos, las opiniones o los intereses que afectan a nuestro comportamiento en sociedad. Para afrontar esa tarea, la sociología emplea las encuestas.

Preparad un modelo de encuesta y pasadlo a un número de personas de diferentes edades, sexo, profesión...

A continuación, tendréis que recoger los datos en una tabla estadística en la que figuren las siguientes variables: pregunta-respuesta, edad del encuestado, profesión, procedencia, lugar de residencia, sexo, nivel de estudios.

Por último, para interpretar los datos de la encuesta, tendréis que elaborar un breve informe de conclusiones y debatir en clase sobre el resultado.

Ciencia social para detectar discriminaciones

Os proponemos realizar una encuesta para averiguar el nivel de xenofobia, racismo y machismo en vuestra ciudad, barrio, pueblo o centro escolar.

Encuesta contra la discriminación

- El tipo de preguntas pueden ser de este estilo: ¿Considera que hay demasiada población inmigrante en su ciudad, barrio...? ¿Cree que existen razas superiores en algún aspecto; por ejemplo, con mayor fortaleza física o con mayor inteligencia? ¿Diría que las mujeres viven mejor que los hombres?
- Las respuestas se agruparán bajo estos ítems: «Sí», «No», «Mucho», «Poco», «Nada», «No sé».

12

Tecnología y ética

Revoluciones tecnológicas y avance social

La máquina de vapor de James Watt y otros avances originaron la Primera Revolución Industrial, que cambió el modo de producir y de vivir de los seres humanos, aunque gran parte de la población malvivía en ciudades sin servicios ni higiene.

La Segunda Revolución Industrial exigió un gran consumo de recursos por lo que los países europeos se lanzaron a la expansión imperialista para conseguirlos. Aumentaron los conflictos sociales y surgieron los sindicatos obreros.

En la Tercera Revolución Industrial, que coincide con el final de la Segunda Guerra Mundial, las materias primas perdieron importancia, mientras que el conocimiento y la información se constituyeron en el nuevo objeto de la ciencia y de la tecnología.

Por sí solo, el progreso tecnológico aumenta nuestra capacidad de actuar sobre el mundo, pero no nos hace ni mejores ni peores, no garantiza la felicidad ni el desastre. La aplicación de los sistemas tecnológicos depende de nuestras decisiones, personal y colectivamente: es nuestra responsabilidad.

En esta unidad vas a estudiar

1 Consecuencias de la Primera Revolución Industrial.
2 La Segunda Revolución Industrial y sus consecuencias.
3 Características de la Tercera Revolución Industrial.
4 Nuestra responsabilidad en el uso de la tecnología.

Reflexionamos

¿Qué vamos a ser?

Me preguntó si me gustaría ser astronauta y le dije que sí.

Dijo que era muy difícil llegar a ser astronauta. Yo dije que ya lo sabía.

Uno tenía que ser oficial de las fuerzas aéreas y acatar muchas órdenes y estar dispuesto a matar a otros seres humanos, y yo no puedo acatar órdenes. Además, no tengo la visión de 20/20 que se necesita para ser piloto. Pero dije que puedes seguir deseando algo por muy improbable que sea.

Terry, que es el hermano mayor de Francis, que va a la escuela, dijo que yo solo encontraría trabajo de recogedor de carritos en el supermercado o de limpiador de mierda de burro en una reserva de animales y que a los tarados no les dejaban pilotar cohetes que cuestan billones de libras. Cuando le dije eso a Padre, dijo que Terry tenía celos de que yo fuera más listo que él. Lo cual era una idea estúpida, porque lo nuestro no era una competición. Pero Terry es estúpido, así que *quod erat demonstrandum,* que en latín quiere decir 'Que es la cosa que iba a demostrarse', es decir, 'Que prueba lo dicho'.

Yo no soy un tarado, y aunque es probable que no me convierta en astronauta, voy a ir a la universidad a estudiar Matemáticas, o Física, o Física y Matemáticas (en una facultad de doble licenciatura), porque las matemáticas y la física me gustan y se me dan muy bien. Pero Terry no irá a la universidad. Padre dice que lo más probable es que Terry acabe en la cárcel.

Mark Haddon, *El curioso incidente del perro a medianoche,* Salamandra.

Dialogamos

1 ¿Consideras, como se afirma en el texto, que «puedes seguir deseando algo por muy improbable que sea»? Dialogad sobre el tema.

2 El desarrollo tecnológico de nuestra sociedad permite que existan profesiones tan fascinantes como la de astronauta. ¿Qué ventajas y qué inconvenientes le ves a esta profesión?

3 ¿Te gustaría estudiar Física o Matemáticas en la universidad? ¿Qué importancia le das a estas materias: crees que influyen mucho en el desarrollo actual de la tecnología? Argumenta y dialoga con tus compañeros y compañeras.

1 La Primera Revolución Industrial

1.1 La máquina de vapor

La Primera Revolución Industrial se inició en Gran Bretaña y fue posible gracias a la invención de la máquina de vapor y al empleo del carbón como combustible.

El poder del vapor era conocido ya en el siglo I, pero hicieron falta deiciséis siglos para que Denis Papin (1647-1714) se percatara de su importancia como fuerza motriz que podía realizar un trabajo de elevación.

El descubrimiento de Papin fue perfeccionado, primero, por el comerciante e inventor Thomas Savery (1698) para sacar el agua de las minas de carbón y, posteriormente, por el herrero e inventor Thomas Newcomen (1712).

Sin embargo, es a James Watt (1736-1819), que trabajaba en el mantenimiento de máquinas en la Universidad de Glasgow, a quien se reconoce como el inventor de la máquina de vapor que dio origen a la Primera Revolución Industrial, porque mejoró de forma sustancial su eficiencia, permitiendo su uso como fuente de energía en fábricas textiles de algodón y en las de harina y papel. Más tarde, se extendió su uso también a medios de transporte, como los trenes o los barcos.

Simultáneamente, se produjeron avances en la química que facilitaron, por ejemplo, la creación de nuevos tintes que cambiaron los colores de la ropa sin depender de materias primas naturales que, a veces, resultaban difíciles de encontrar. Es cierto que esto también provocó la contaminación de algunos ríos.

A pesar del cambio que supuso en el modo de vida de los seres humanos, la Primera Revolución Industrial es resultado de una tecnología que no se basaba en la ciencia, sino en el trabajo de observación y en la experiencia de artesanos, trabajadores, maestros de oficios o inventores.

1.2 Consecuencias sociales

Hasta la invención de la máquina de vapor, la industria dependía de la fuerza motriz de los ríos, como los molinos. Esa es la razón, por ejemplo, de que la primera industria textil de Cataluña estuviera situada en los cauces de los ríos Ter y Llobregat. Sin embargo, con la máquina de vapor se podía crear una industria en cualquier lugar, independientemente de la existencia o no de fuentes naturales de energía.

La industrialización en Gran Bretaña atrajo a la ciudad al campesinado. La población en las ciudades creció por encima de lo que podían atender los servicios públicos, lo que produjo el hacinamiento en las viviendas e insalubridad.

En la naciente industria, los salarios eran muy bajos, por lo que, para subsistir, era necesario que todos los miembros de la familia trabajaran muchas horas. Los Gobiernos, ante la presión de las asociaciones obreras, tuvieron que legislar para proteger especialmente a las mujeres y a los niños y niñas y reducir los horarios.

Robert Koehler, *La huelga* (detalle).

La Primera Revolución Industrial provocó grandes tensiones sociales por los bajos salarios y por las pésimas condiciones laborales y de vida que soportaba la población obrera.

Fotograma de la película *La reina Victoria,* de Jean-Marc Vallée.

En la «época victoriana» se practicaba una doble moral, muy estricta en el ámbito público, pero más relajada en la vida privada.

1.3 Doble moral

La Primera Revolución Industrial en Gran Bretaña transcurrió durante el reinado de la reina Victoria, el más largo de la historia de este país hasta el momento, y que se conoce como «época victoriana». Los cambios en el modo de producción coincideron con una moral determinada externamente muy rígida.

En esta época, el puritanismo hacía que públicamente se defendiera una decencia extrema guardando las apariencias, pero en la intimidad de la vida privada las normas se saltaban con frecuencia, convirtiendo la moral victoriana en una doble moral.

Un ejemplo muy conocido es el del matrimonio, para el que se establecían rituales de cortejo, intercambio de dote y contrato ante notario muy rígidos. Lo formal se anteponía claramente al amor y la felicidad afectiva. Se dice que la reina Victoria mandó cubrir todas las mesas de palacio con manteles hasta el suelo para tapar las patas y que no les recordaran a los hombres las piernas femeninas.

No obstante, las mujeres avanzaron en su reclamación de derechos, consiguiendo acceder al divorcio, a pleitear por la custodia de sus hijos e hijas y a la propiedad.

Comprende, piensa, investiga...

1 Infórmate sobre la época en la que vivió James Watt y sobre la aplicación de su invento.

2 Menciona alguno de los principales logros de la Primera Revolución Industrial y sobre el cambio que provocó en la forma de vida de las personas de la época.

3 Define «hipocresía». ¿Consideras que la doble moral victoriana es una moral hipócrita?

2 La Segunda Revolución Industrial

2.1 El motor de explosión

Se puede considerar que la Segunda Revolución Industrial se inicia con los siguientes acontecimientos:

a) La expansión de la Primera Revolución Industrial a nuevos países como Francia, Alemania y Estados Unidos.

b) El desarrollo de nuevas aplicaciones del vapor al transporte, como son los casos del tren y del barco.

c) La invención de nuevas máquinas, cuya tecnología se basó progresivamente en la aplicación de los avances de la física.

Ahora bien, el hecho que marca la diferencia entre la Primera y la Segunda Revolución Industrial fue la invención del motor de explosión o motor de combustión interna, perfeccionado en 1897 por el ingeniero alemán Rudolf Diesel (1858-1913), que utilizó un nuevo combustible: el petróleo.

2.2 Consecuencias sociales y políticas

El rápido desarrollo industrial necesitaba cada vez más materias primas, tanto de origen vegetal (algodón) como mineral (hierro). Para conseguirlas, las naciones europeas llevaron a cabo una expansión imperialista en África y en Asia.

Mina de diamantes en Sudáfrica durante la colonización británica.

Los países europeos se repartieron África y Asia durante el siglo XIX en busca de materias primas y de nuevos mercados para sus industrias.

Los argumentos morales utilizados para justificarla fueron la baja productividad de la tierra y la infrautilización de los recursos naturales por parte de la población nativa, así como la superioridad de la cultura y de la religión cristiana respecto a las creencias tribales africanas.

Por otra parte, en los países avanzados de Europa, la riqueza producida por el desarrollo industrial generó conflictos sociales entre los sindicatos obreros, las Trade Unions en Gran Bretaña, y el empresariado para obtener un mejor reparto de esa riqueza.

El resultado de ese enfrentamiento ha sido una progresiva aproximación a lo que se llama el modelo europeo de desarrollo basado en el «Estado de bienestar», que consiste en garantizar a toda la población los servicios fundamentales: sanidad y educación (gratuitas y públicas), pleno empleo y protección social.

Cartel del primer congreso de Trade Unions, celebrado en Londres en el año 1896.

Los movimientos obreros organizados lucharon a partir del siglo XIX por mejorar las condiciones laborales y de vida de la población obrera.

2.3 Consecuencias morales

El desarrollo industrial y económico en la Segunda Revolución Industrial tuvo unos resultados políticos y morales contradictorios:

a) Por un lado, el crecimiento económico producido por la multiplicación de los inventos y su utilización por la industria supuso un crecimiento general del nivel de vida, aunque con grandes diferencias sociales entre clases.

b) Por otro, este desarrollo espectacular del mundo occidental se hizo en gran medida a costa del subdesarrollo de los países colonizados, en los que su población subsistía en condiciones de miseria.

Muchas de las críticas y de los reproches que hacen en la actualidad los países pobres a Europa se fundan en que no defienden los mismos derechos en las metrópolis que en las antiguas colonias.

Sin embargo, no podemos culpar al desarrollo tecnológico de que unos pueblos se creyeran superiores a otros o de que tuvieran lugar las guerras mundiales. El incremento de medios posibilitó que las consecuencias de nuestras decisiones tuvieran un impacto mayor; por eso debemos ser más responsables.

El aumento del riesgo se produce por la disonancia entre la política y el desarrollo que provoca la tecnología en la sociedad. Por ejemplo, en la Primera Guerra Mundial, la clase política alemana y austrohúngara estaba convencida de que la ganarían en pocos días.

Comprende, piensa, investiga...

1 En grupos de clase, elaborad una lista con los inventos más sobresalientes de la Segunda Revolución Industrial y las consecuencias sociales y políticas que han tenido.

2 Buscad información sobre la Conferencia de Berlín: ¿qué países participaron y qué se decidió? Debatid sobre la moralidad o justicia de dicha conferencia y sus consecuencias.

3 Explica por qué no podemos culpar a las tecnologías del mal uso que hacemos de ellas y pon algún ejemplo.

3 La Tercera Revolución Industrial

3.1 La era de la información

Según algunos analistas, actualmente vivimos en la Tercera Revolución Industrial. Su inicio coincide con el fin de la Segunda Guerra Mundial, en el año 1945.

En la Tercera Revolución Industrial, las materias primas pasan a un segundo plano, mientras que el conocimiento y la información constituyen el nuevo objeto de la tecnología.

Los ordenadores han podido abordar un ámbito de problemas cada vez más amplio, basándose en los avances de la electrónica digital (los circuitos integrados cada vez más reducidos y potentes) y el desarrollo del software informático.

También podemos llamar a la Tercera Revolución Industrial la «era de la información y del conocimiento», porque gracias a la tecnología actual podemos reducir muchas dificultades intelectuales a un problema de procesamiento de información que puede resolver una máquina.

Lo que se produce y se transforma es información por medio de ordenadores que pueden procesar una cantidad cada vez mayor de datos de todo tipo. Para realizar ese trabajo, los ordenadores se construyen con materiales semiconductores sobre los que actúan programas basados en la lógica matemática. La era de la información es también la era de la electrónica.

Partida de ajedrez entre un ser humano y un antiguo ordenador de tarjetas perforadas.

La Tercera Revolución Industrial inaugura la era de la información y del conocimiento.

3.2 Una nueva materia prima: la materia gris

Los ordenadores actuales trabajan con diferentes materias primas cuyo valor económico no siempre es caro. Lo distintivo de la nueva situación, sin embargo, es que ahora el conocimiento y sus procesos (percepción, decisión, planificación, razonamiento, lenguaje y acción) se representan, analizan y sintetizan de la misma forma que se hacía con la materia y la energía en la etapa anterior, con la que aún coexistimos.

Precisamente en esa capacidad de procesar el conocimiento consisten los sistemas simbólicos o los lenguajes de programación, y el software en general de los programas informáticos.

Dicho conocimiento se elabora, se distribuye y se vende con su enorme valor añadido como cualquier otro producto en el mercado. La nueva materia prima sobre la que se trabaja es la materia gris de nuestro cerebro. Y es que con la revolución informática parece difícil concebir cualquier aspecto de nuestra sociedad o de nuestra propia vida que no se vea de alguna forma afectado por la presencia de los ordenadores.

Esta realidad tiene también un aspecto práctico inmediato para la juventud. La Tercera Revolución Industrial, en opinión de todos los especialistas, va a exigir a las actuales y a las futuras generaciones un nivel de cualificación mayor al de los empleos que se destruyen y al que se les exigía a las generaciones anteriores.

3.3 La necesidad de formación de la inteligencia

Ante los nuevos retos que se nos presentan, no hay una respuesta fácil ni simple. Las máquinas no son nuestras enemigas y es improbable que los ordenadores nos dominen, tal y como presentan muchas ficciones literarias y cinematográficas.

Informarse de los progresos tecnológicos es una necesidad. Esto tiene mayor sentido, si cabe, en la Tercera Revolución Industrial, ante las nuevas tecnologías de la sociedad de la información. Con ese conocimiento podremos mantener una reserva crítica que nos permita controlar nuestros actos y sus consecuencias, y alcanzar nuestros intereses; es decir, hacer un uso inteligente de las tecnologías informáticas.

Por otra parte, la nueva sociedad está programada para la conexión y la comunicación entre los distintos saberes que haga posible la innovación. Las personas tenemos que reciclarnos constantemente para responder a la permanente movilidad e innovación de una sociedad abierta. Ya no se puede ser un buen profesional toda la vida con los conocimientos adquiridos en el instituto o en la universidad.

Comprende, piensa, investiga...

1 ¿Sabes qué es el cyberpunk? Busca ejemplos y ponlos en común.

2 Averigua lo que ocurrió con la tripulación de la nave espacial de la película *2001: Una odisea del espacio.* ¿Crees posible que las máquinas inteligentes puedan algún día dominar al ser humano?

3 En grupos, recoged y cotejad información sobre los diferentes campos en los que los ordenadores se han vuelto imprescindibles.

Fotograma de la película *2001: Una odisea del espacio,* de Stanley Kubrick.

La convivencia entre las máquinas y los seres humanos puede ser problemática.

4 Saber usar la tecnología

4.1 Control sobre nuestros medios

Cuenta el sociólogo Lewis Mumford que cuando el astronauta John Glenn vio peligrar su vida debido al mal funcionamiento de los controles automáticos de la cápsula espacial, accionados desde el centro espacial en Florida, y tras salvarse por los pelos gracias a su intervención personal, dijo estas impresionantes palabras: «¡Vamos a dejar que el hombre se ocupe de esto!».

La anécdota puede considerarse una metáfora y un ejemplo de la relación que debemos mantener con la tecnología. Nos hace la vida más agradable y más fácil, sin duda, pero debemos conservar nuestros recursos, además de la tecnología, para desarrollar nuestras capacidades personales, de modo que podamos responder con éxito a las situaciones en las que nos veamos privados, aunque solo sea temporalmente, de sus beneficios.

Muchas personas no saben qué hacer en su tiempo libre sin la televisión, el ordenador, la tableta, la consola... Otras no soportan tener el móvil estropeado o perderlo, incluso sufren estados de ansiedad y de malestar físico. En estos casos, parece como si el centro de decisión sobre nuestras vidas se hubiera desplazado desde las personas a las máquinas.

La tecnología facilita nuestra vida y nos ayuda a desarrollar nuestras capacidades personales, aunque hay que controlar el uso que hacemos de ella.

4.2 Desarrollo tecnológico y responsabilidad

Entre los años 1959 y 1971 se debatió en Estados Unidos la propuesta de construcción de un avión comercial supersónico. Promovían el proyecto algunas compañías aeronáuticas y se financiaba con fondos públicos. Estaba en juego el negocio del transporte aéreo del futuro y el prestigio de la industria nacional, sobre todo cuando hicieron sus primeras pruebas los modelos TU-144, de la Unión Soviética (actual Rusia), y Concorde, franco-británico.

El proyecto fue finalmente rechazado por la oposición de la opinión pública estadounidense a soportar altos niveles de ruido, por las explosiones que producían los aviones, por el elevado coste económico sin interés para la ciudadanía y por los efectos nocivos sobre el medioambiente.

Por sí solo el progreso tecnológico únicamente aumenta nuestra capacidad de actuar sobre el mundo, pero no nos hace mejores ni peores, ni garantiza la felicidad ni los problemas.

Los sistemas tecnológicos dependen de las decisiones que tomemos, personal y colectivamente. Que se usen para beneficiar a unos pocos o para promover el bienestar de toda la ciudadanía, para objetivos morales o inmorales, para favorecer la vida o para perfeccionar técnicas de destrucción, es nuestra responsabilidad.

Las sociedades democráticas utilizan cada vez más métodos para prever y para controlar los resultados y las consecuencias de las actividades de investigación y desarrollo.

El Concorde, proyecto emblemático de la industria aeronáutica europea, fue retirado tras casi treinta años de servicio.

4.3 Derecho informático

¿Has observado alguna vez que cuando has abierto alguna página de Internet los anuncios que hay en ella coinciden con tus intereses personales? ¿Te has preguntado cómo conocen esas empresas tus necesidades o tus gustos?

En la sociedad de la información que está impulsando la Tercera Revolución Industrial, surge el problema del tratamiento de los datos personales en Internet: ¿quién los controla y cómo los utiliza? ¿Las empresas que dominan la Red? ¿Los distintos Gobiernos?

La vigilancia a la que estamos sometidos por parte de distintas organizaciones y Estados es un peligro para nuestra libertad que ya intuyó George Orwel en su obra *1984.*

Los esfuerzos para tener en cuenta los intereses sociales generales en la sociedad hacen necesaria la aplicación de la ética a este nuevo campo y establecen acuerdos acerca de los principios y de las prácticas moralmente aceptables relacionadas con las recientes tecnologías de la información.

En los últimos años ha surgido, en respuesta a estos problemas, una nueva disciplina jurídica denominada «Derecho informático». Su finalidad reside en garantizar que el desarrollo tecnológico, imprescindible en la vida de cualquier sociedad moderna, no se logre a costa de las libertades, ya que en una tecnología democrática, no autoritaria, la técnica debe estar al servicio de la ciudadanía.

Comprende, piensa, investiga...

1. Busca información sobre la función de la «Prospectiva científica y tecnológica».
2. **Recomendar.** En grupos, haced propuestas sobre cómo preservar la seguridad de la información personal en Internet.
3. Informaos sobre la temática de la novela *1984,* de George Orwell. Debatid sobre el papel liberador u opresor de la tecnología.

Aplica tus competencias

El ordenador se ha incorporado desde hace años a la educación, aunque no se ha desarrollado todavía un modelo de enseñanza que tome como herramienta fundamental las tecnologías de la información y la comunicación (TIC). Pero, de todos modos, no se discute su presencia en el aula y es utilizado con cierta frecuencia en diferentes materias. Pero ¿qué pasa con el móvil?

¿El móvil en clase?

El móvil ha corrido distinta suerte que el ordenador, a pesar de que ya es un símbolo de nuestra era tecnológica. Lo llevamos a todas partes y lo utilizamos continuamente.

Una gran mayoría de la juventud emplea el móvil de un modo compulsivo, para hacer fotografías o conectarse a Internet y a las redes sociales. Pocos lo usan exclusivamente para hablar. Y es que el móvil es mucho más que un teléfono: sirve para ver vídeos, escuchar música, grabar sonidos... Pero también existen aplicaciones destinadas a ayudar en sus tareas a estudiantes y docentes: se trata de las app educativas.

Ahora bien, el uso del móvil está prohibido en la mayoría de los centros educativos. Quienes se oponen a su uso destacan los peligros: distrae al alumnado en el aula, agrava una posible adicción, determinadas aplicaciones perjudican cualidades como la memoria o la competencia lingüística y matemática, pueden ser usados con intenciones fraudulentas y delictivas o que atenten contra derechos básicos...

Los defensores de adoptar el móvil como recurso didáctico señalan que ayuda al alumnado a construir su propio aprendizaje, refuerza su autonomía en la búsqueda, la selección y la gestión de información. Destacan, además, que puede ser empleado para mejorar los procesos de evaluación.

Reflexiona y expresa tu opinión

1 ¿Qué harías si fueras profesor o profesora: obligarías a los alumnos y a las alumnas a apagar el móvil o permitirías que lo utilizaran como recurso didáctico? Argumenta tu opinión.

2 En caso de permitirlo, ¿pondrías algunas normas de uso? ¿Cuáles?

Buscad información

3 Investigad sobre aplicaciones (apps) creadas con finalidad educativa para móviles y para tabletas y, después, analizad las que creáis más útiles: ¿en qué os pueden ayudar?, ¿qué inconvenientes veis en ellas?

Aprende a debatir

4 Debatid sobre los peligros del uso delictivo del móvil y de qué manera atenta contra los derechos fundamentales de las personas.

5 Debatid, también, sobre las ventajas del móvil para el progreso y el bienestar de la sociedad en general y sobre si puede resultar valioso en la educación, en particular.

Los valores en la historia. La denuncia de la explotación laboral

En el siguiente texto, Friedrich Engels cuenta las condiciones de trabajo y de vida de la clase obrera en la época de la Primera Revolución Industrial en Gran Bretaña:

«Las mujeres y los muchachos que deben acarrear el carbón a través de galerías bajas se arrastran sobre las manos y los pies con una cota y una cadena que, en muchos casos, pasa entre las piernas y está unida al cofín, mientras otro, con la cabeza y con las manos empuja hacia atrás. La opresión de la cabeza produce irritación local, hinchazones dolorosas y abscesos. En muchos casos, las galerías están mojadas, de manera que los obreros deben arrastrarse a través de agua sucia y salobre, alta de varias pulgadas, acarreándoles esto la irritación de la piel. [...] El informe de la Comisión Central cuenta que los fabricantes comenzaban a emplear a los niños, a veces de 5 años, frecuentemente de 6, más menudo de 7, y en la mayor parte, de 8 a 9 años; la duración del tiempo del trabajo era, diariamente, de 14 a 16 horas (fuera de las horas libres para la comida), que los fabricantes dejaban que los capataces pegasen y maltratasen a los niños, y que ellos también, con frecuencia, recurrían a las manos. [...]

Es un amontonamiento desordenado de casas altas, de tres o cuatro pisos, con calles estrechas y sucias, curvas, en las cuales el movimiento es tan grande como en las principales calles de la ciudad, con la única diferencia de que en St. Giles se ven solo personas de la clase obrera. [...] No se ve casi ningún vidrio en las ventanas, las paredes están rotas, las puertas y las vidrieras destrozadas y arrancadas, las puertas exteriores sostenidas por viejos herrajes. Montones de suciedad y de ceniza se encuentran a cada paso y todos los desechos líquidos echados en las puertas se acumulan en fétidas cloacas».

emprender aprender

Organizamos un comité de ética

En los hospitales existen comités médicos para tomar decisiones, por ejemplo, sobre el tratamiento de enfermedades terminales o trasplantes.

En las empresas hay departamentos de Recursos Humanos que evalúan cómo mejorar el rendimiento de su plantilla aprovechando sus potencialidades: estudian cómo aumentar el trabajo en equipo, cómo mejorar la relación entre la directiva y la plantilla, cómo satisfacer las expectativas de la plantilla...

En ambos casos, no solo se valoran cuestiones técnicas propias de esas profesiones, sino que también se tienen en cuenta principios morales: la libertad del individuo, la dignidad de la persona, la igualdad...

La ética, por tanto, no puede quedar al margen de la ciencia, de la tecnología ni de la empresa. Como decía el gran científico Albert Einstein: «La guerra moderna, la bomba y otros descubrimientos se nos presentan no como un problema de física, sino de ética».

La ética empresarial

Imaginad que formáis el equipo directivo de una empresa que ha descubierto un material revolucionario con aplicaciones en muchas áreas industriales.

Organizad un comité ético y elaborad un informe sobre sus problemas de fabricación:

- La materia prima a partir de la que se fabrica el material se extrae en minas peligrosas en un país subdesarrollado.
- Se emplean menores de edad para su extracción.
- Se ha producido un conflicto violento en el país para controlar la actividad minera.
- El proceso de transformación de la materia prima es muy contaminante.
- La gran mayoría de los beneficios son para la empresa.

APRENDER ES CRECER EN CONEXIÓN es un proyecto educativo de Anaya Educación para el segundo curso de la ESO.

En la realización de este libro han intervenido:

- **Edición:** Manuel Andaluz
- **Diseño:** Dirección de arte: Javier Serrano. Cubierta: Patricia Gómez Serrano. Interiores: Marta Gómez Peso y Paco Martín. Desarrollo gráfico de cubierta: Juan Carlos Quignon
- **Maquetación:** Encarna Miranda
- **Corrección:** Encarnación Martín
- **Edición gráfica:** José María Marcelino
- **Fotografías:**
  Archivo Anaya (Boé, O.; Candel, C.; Canto, M.; Cosano, P.; García Pelayo, Á.; Leiva, Á.; Lezama, D.; Martin, J.; Martín, J. A.; Peñuela Py, E.; Rivera Jove, V.; Steel, M.), Age, Album, Corbis/Cordon Press, Efe, Getty Images, Latin Stock, Prisma, Thinkstock/Getty Images, 123 RF

Las normas ortográficas seguidas en este libro son las establecidas por la Real Academia Española en la *Ortografía de la lengua española,* publicada en el año 2010.

Nuestras publicaciones mantienen el rigor en el uso y en la selección de los contenidos, en las imágenes y en el lenguaje, para cumplir con la **no discriminación** por razón de género, cultura u opinión.

IMPORTANTE. Las actividades propuestas en este libro deben ser realizadas en cuadernos u hojas sueltas; **nunca en el propio libro.**

Los **enlaces a las páginas web** que aparecen en este libro han sido revisados en la fecha de su impresión. La editorial no se hace responsable de las modificaciones o las anulaciones que se produzcan en ellos con posterioridad a dicha fecha.

ISBN: 978-84-698-1044-6 - Depósito Legal: M-3331-2016 - Printed in Spain.

ET029351/1E1I - 8430071